カクテル手帳
Cocktail Encyclopedia For Gourmet

はじめに

　本書に掲載した130のカクテルは、原則としてスタンダードなものを中心に選んだが、監修者特権とでも言うべきか、ところどころに私のオリジナルカクテルも掲載させていただいた。その他のカクテルに関しては、どこのバーでも対応してもらえるであろう定番の内容を心がけたつもりだ。

　メニューのように眺めて次にバーへ行ったときに何を飲もうかと考えたり、この小さな手帳をポケットに忍ばせてバーの入り口などでこっそり確認したり、カクテルの初心者の方々にさまざまな場面で気楽に利用していただきたい。どんなバーへ行ったらいいのか迷うときには、巻末の「全国おすすめBARセレクション」が役立つことと思う。

　各カクテルの紹介ページには、レシピと作り方を記載した。自宅で作るのは難しいカクテルもあるが、シェイカーやミキシンググラスなどの道具がなくても、グラスに直接注ぐだけで完成するカクテルも多数ある。ぜひ多くの方に、飲む楽しみだけでなく、カクテルを作る楽しみも知ってほしい。作る、飲む、いずれにしてもカクテル

に接したときに最も大切なのは"楽しむ"ことだ。本書を手に取ることでより多くの方々にカクテルの楽しさを伝えることができれば、監修者として、またバーテンダーとしてもたいへんうれしく思う。

　なお本書では、写真にもぜひご注目いただきたい。カクテルを美しく撮るならこの人！　と、私が絶大の信頼を寄せているカメラマン・高田浩行さんに無理を言って撮影をお願いした。"色合いを愛でる"ということもカクテルの楽しみの一つだが、おかげで実に端整な一冊に仕上がり、カクテルの美しさをしっかりと読者の方々に伝えることができたのではないだろうか。

　2種類以上の材料をミックスすれば、それがカクテルである。難しく考える必要はないが、カクテルの名前やレシピ、由来などを知れば、楽しみはより深くなる。本書がカクテルの世界に踏み出す第一歩の一助となれば幸いだ。

2010年3月吉日

上田和男

（文責：今福貴子）

アルコール度数&テイスト マトリックス

(アルコール度数)					
40	A-40	B-40	C-40	D-40	E-40
30	A-30	B-30	C-30	D-30	E-30
20	A-20	B-20	C-20	D-20	E-20
10	A-10	B-10	C-10	D-10	E-10
0	A-0	B-0	C-0	D-0	E-0

甘　　　　　　　　　(テイスト)　　　　　　　　　辛

A-0 カルア ミルク (リキュール) ▶P.133／ファジー ネーブル (リキュール) ▶P.145
A-10 ブランデー エッグノッグ (ブランデー) ▶P.52／グラスホッパー (リキュール) ▶P.136／バレンシア (リキュール) ▶P.144／ミント フラッペ (リキュール) ▶P.146
A-20 アレキサンダー (ブランデー) ▶P.38／ゴールデン キャデラック (リキュール) ▶P.137
B-0 エメラルド クーラー (ジン) ▶P.62／ワイン クーラー (ワイン) ▶P.164
B-10 シンガポール スリング (ジン) ▶P.67／フローズン ストロベリー ダイキリ (ラム) ▶P.109／テキーラ サンライズ (テキーラ) ▶P.123／チャーリー チャップリン (リキュール) ▶P.141
B-20 パラダイス (ジン) ▶P.74／パリジャン (ジン) ▶P.75
B-30 ラスティ ネイル (ウイスキー) ▶P.33／ダーティー マザー (ブランデー) ▶P.45／フレンチ コネクション (ブランデー) ▶P.54／ブラック ルシアン (ウォッカ) ▶P.95／フレンチ カクタス (テキーラ) ▶P.124
B-40 ビー アンド ビー (ブランデー) ▶P.50
C-0 シティ コーラル (ジン) ▶P.66／ニッキーズ フィズ (ジン) ▶P.72／アプリコット クーラー (リキュール) ▶P.132／カンパリ オレンジ (リキュール) ▶P.134／カンパリ ソーダ (リキュール) ▶P.135／スプモーニ (リキュール) ▶P.140／チャイナ ブルー (リキュール) ▶P.142／バイオレット フィズ (リキュール) ▶P.143／アメリカーノ (ワイン) ▶P.152／エンジェル (シャンパン) ▶P.153／カンパリ ビア (ビール) ▶P.156／シャンディ ガフ (ビール) ▶P.157／スプリッツァー (ワイン) ▶P.159／ベリーニ (ワイン) ▶P.160／ブラック ベルベット (ビール) ▶P.161／ミモザ (シャンパン) ▶P.162／レッド アイ (ビール) ▶P.163／サラトガ クーラー (ノンアルコール) ▶P.166／シンデレラ (ノンアルコール) ▶P.167／バージン ブリーズ (ノンアルコール) ▶P.168／フロリダ (ノンアルコール) ▶P.169

C-10	ジョン コリンズ (ウイスキー) ▶P.25／ハイランド クーラー (ウイスキー) ▶P.27／ハーバード クーラー (ブランデー) ▶P.49／トム コリンズ (ジン) ▶P.71／ピュア ラブ (ジン) ▶P.76／フレンチ 75 (ジン) ▶P.78／ロング アイランド アイス ティー (ジン) ▶P.80／ガルフ ストリーム (ウォッカ) ▶P.87／シー ブリーズ (ウォッカ) ▶P.90／スクリュードライバー (ウォッカ) ▶P.91／ソルティ ドッグ (ウォッカ) ▶P.93／モスコー ミュール (ウォッカ) ▶P.97／キューバ リバー (ラム) ▶P.105／ボストン クーラー (ラム) ▶P.112／ホット バタード ラム (ラム) ▶P.113／エル ディアブロ (テキーラ) ▶P.120／テキーラ サンセット (テキーラ) ▶P.122／マタドール (テキーラ) ▶P.125／フローズン マルガリータ (テキーラ) ▶P.127／シャルトリューズ トニック (リキュール) ▶P.139／アドニス (ワイン) ▶P.150／キール (ワイン) ▶P.154／キール ロワイヤル (シャンパン) ▶P.155
C-20	オールド パル (ウイスキー) ▶P.21／オリンピック (ブランデー) ▶P.39／カルヴァドス カクテル (ブランデー) ▶P.40／ジャック ローズ (ブランデー) ▶P.42／チェリー ブロッサム (ブランデー) ▶P.46／ブランデー サワー (ブランデー) ▶P.53／ネグローニ (ジン) ▶P.73／ブルー ムーン (ジン) ▶P.77／コスモポリタン (ウォッカ) ▶P.88／カリブ (ラム) ▶P.104／コーラル (ラム) ▶P.106／ネバダ (ラム) ▶P.110／モヒート (ラム) ▶P.114／アイスブレイカー (テキーラ) ▶P.118／モッキンバード (テキーラ) ▶P.128／サンジェルマン (リキュール) ▶P.138
C-30	ゴッドファーザー (ウイスキー) ▶P.24／ロブ ロイ (ウイスキー) ▶P.34／シャンゼリゼ (ブランデー) ▶P.43／スティンガー (ブランデー) ▶P.44／ニコラシカ (ブランデー) ▶P.47／花椿 (ブランデー) ▶P.48／ゴッドマザー (ウォッカ) ▶P.89／雪国 (ウォッカ) ▶P.98／カイピリーニャ (ラム) ▶P.103／アクア マリーン (テキーラ) ▶P.119／マルガリータ (テキーラ) ▶P.126
C-40	アラスカ (ジン) ▶P.58
D-10	ウイスキー ハイボール (ウイスキー) ▶P.19／ウイスキー フロート (ウイスキー) ▶P.20／ホット ウイスキー トディ (ウイスキー) ▶P.28／マミー テイラー (ウイスキー) ▶P.29／ギムレット ハイボール (ウイスキー) ▶P.64／ジン フィズ (ジン) ▶P.68／ジン トニック (ジン) ▶P.69／ブラッディ メアリー (ウォッカ) ▶P.96／フローズン ダイキリ (ラム) ▶P.108／ストロー ハット (テキーラ) ▶P.121／バンブー (ワイン) ▶P.151／シャンパン カクテル (シャンパン) ▶P.158
D-20	ウイスキー サワー (ウイスキー) ▶P.18／ニューヨーク (ウイスキー) ▶P.26／ミント ジュレップ (ウイスキー) ▶P.32／ジン ライム (ジン) ▶P.65／ダイキリ (ラム) ▶P.107／バカルディ ▶P.111
D-30	オールド ファッションド (ウイスキー) ▶P.22／キングス バレイ (ウイスキー) ▶P.23／マンハッタン (ウイスキー) ▶P.30／サイドカー (ブランデー) ▶P.41／ビトウィーン ザ シーツ (ブランデー) ▶P.51／ホワイト レディ (ジン) ▶P.79／M-30 レイン (ウォッカ) ▶P.85／カミカゼ (ウォッカ) ▶P.86／バラライカ (ウォッカ) ▶P.94／エックス ワイ ジー (ラム) ▶P.102
D-40	グリーン アラスカ (ジン) ▶P.59
E-10	ジン リッキー (ジン) ▶P.70
E-20	ギムレット (ジン) ▶P.63
E-30	ドライ マンハッタン (ウイスキー) ▶P.31／ギブソン (ジン) ▶P.60／マティーニ (ジン) ▶P.61／ウォッカ マティーニ オン ザ ロック (ウォッカ) ▶P.84／スレッジ ハンマー (ウォッカ) ▶P.92

●目次

はじめに ……………………………………………… 2

アルコール度数&テイスト マトリックス ……………… 4

本書の使い方 ………………………………………… 14

ウイスキー ベース

ベース基礎知識 [ウイスキー] ……………………… 16

 ウイスキー サワー ……………………………… 18

 ウイスキー ハイボール ………………………… 19

 ウイスキー フロート …………………………… 20

 オールド パル …………………………………… 21

 オールド ファッションド ……………………… 22

 キングス バレイ ………………………………… 23

 ゴッドファーザー ……………………………… 24

 ジョン コリンズ ………………………………… 25

 ニューヨーク …………………………………… 26

 ハイランド クーラー …………………………… 27

 ホット ウイスキー トディ ……………………… 28

 マミー テイラー ………………………………… 29

 マンハッタン …………………………………… 30

ドライ マンハッタン	31
ミント ジュレップ	32
ラスティ ネイル	33
ロブ ロイ	34

ブランデー ベース

ベース基礎知識 [ブランデー]	36
アレキサンダー	38
オリンピック	39
カルヴァドス カクテル	40
サイドカー	41
ジャック ローズ	42
シャンゼリゼ	43
スティンガー	44
ダーティー マザー	45
チェリー ブロッサム	46
ニコラシカ	47
花椿	48
ハーバード クーラー	49
ビー アンド ビー	50
ビトウィーン ザ シーツ	51

ブランデー エッグノッグ	52
ブランデー サワー	53
フレンチ コネクション	54

ジン ベース

ベース基礎知識　[ジン]	56
アラスカ	58
グリーン アラスカ	59
ギブソン	60
マティーニ	61
エメラルド クーラー	62
ギムレット	63
ギムレット ハイボール	64
ジン ライム	65
シティ コーラル	66
シンガポール スリング	67
ジン トニック	68
ジン フィズ	69
ジン リッキー	70
トム コリンズ	71
ニッキーズ フィズ	72

- ネグローニ ……………………………………… 73
- パラダイス ……………………………………… 74
- パリジャン ……………………………………… 75
- ピュア ラブ ……………………………………… 76
- ブルー ムーン …………………………………… 77
- フレンチ 75 ……………………………………… 78
- ホワイト レディ ………………………………… 79
- ロング アイランド アイス ティー …………… 80

ウォッカ ベース

- ベース基礎知識 [ウォッカ] …………………… 82
- ウォッカ マティーニ オン ザ ロック ………… 84
- M-30 レイン ……………………………………… 85
- カミカゼ ………………………………………… 86
- ガルフ ストリーム ……………………………… 87
- コスモポリタン ………………………………… 88
- ゴッドマザー …………………………………… 89
- シー ブリーズ …………………………………… 90
- スクリュードライバー ………………………… 91
- スレッジ ハンマー ……………………………… 92
- ソルティ ドッグ ………………………………… 93

バラライカ	94
ブラック ルシアン	95
ブラッディ メアリー	96
モスコー ミュール	97
雪国	98

ラム ベース

ベース基礎知識　[ラム]	100
エックス ワイ ジー	102
カイピリーニャ	103
カリブ	104
キューバ リバー	105
コーラル	106
ダイキリ	107
フローズン ダイキリ	108
フローズン ストロベリー ダイキリ	109
ネバダ	110
バカルディ	111
ボストン クーラー	112
ホット バタード ラム	113
モヒート	114

テキーラ ベース

ベース基礎知識 [テキーラ] ……………………………… 116

- アイスブレイカー …………………………………… 118
- アクア マリーン …………………………………… 119
- エル ディアブロ …………………………………… 120
- ストロー ハット …………………………………… 121
- テキーラ サンセット ……………………………… 122
- テキーラ サンライズ ……………………………… 123
- フレンチ カクタス ………………………………… 124
- マタドール …………………………………………… 125
- マルガリータ ………………………………………… 126
- フローズン マルガリータ ………………………… 127
- モッキンバード ……………………………………… 128

リキュール ベース

ベース基礎知識 [リキュール] ……………………………… 130

- アプリコット クーラー …………………………… 132
- カルア ミルク ……………………………………… 133
- カンパリ オレンジ ………………………………… 134
- カンパリ ソーダ …………………………………… 135
- グラスホッパー ……………………………………… 136

ゴールデン キャデラック	137
サンジェルマン	138
シャルトリューズ トニック	139
スプモーニ	140
チャーリー チャップリン	141
チャイナ ブルー	142
バイオレット フィズ	143
バレンシア	144
ファジー ネーブル	145
ミント フラッペ	146

ワイン・シャンパン・ビール ベース

ベース基礎知識 ［ワイン／シャンパン］	148
アドニス	150
バンブー	151
アメリカーノ	152
エンジェル	153
キール	154
キール ロワイヤル	155
カンパリ ビア	156
シャンディ ガフ	157

シャンパン カクテル	158
スプリッツァー	159
ベリーニ	160
ブラック ベルベット	161
ミモザ	162
レッド アイ	163
ワイン クーラー	164

ノンアルコール

サラトガ クーラー	166
シンデレラ	167
バージン ブリーズ	168
フロリダ	169

全国おすすめBARセレクション	170
Column オーダーで迷ったら…	176
50音索引	178

●本書の使い方

ベース名
ベースとなるお酒の種類を示しています。

英名表記

カクテル名
監修者の上田氏オリジナルのカクテルには☆が付いています。

テイスト
●が左に寄るほど甘口、右に寄るほど辛口となりますが、あくまで一般的な目安です。実際のテイストには個人差があります。

Manhattan
マンハッタン
度数 32度
甘口 ●テイスト 辛口
ウイスキー

優雅な口当たり
世界中で愛される
カクテルの女王

技法 ステア

Recipe

ウイスキー	3/4
スイートベルモット	1/4
アロマチックビターズ	1dash
レッドチェリー	1個
ピール用レモン	

ミキシンググラスに材料を入れてステアし、グラスに注ぐ。チェリーをカクテルピンに刺してグラスに沈め、レモンピールする。

アロマチックビターズのほのかな苦味とスイートベルモットの甘みを芳醇なウイスキーが包み込む、繊細な味わい。19世紀半ばから世界中で愛飲されてきたスタンダードカクテルで、"カクテルの女王"とも呼ばれている。ちなみに、"カクテルの王様"はジンベースの「マティーニ」(P.61)だ。
ウイスキーはライまたはバーボンを使用する。カナディアンを使うこともあるが、いずれにしても名前のとおりアメリカンタイプを使用したい。名の由来については諸説あり、マンハッタンの夕日をイメージしたとする説、後に英国首相チャーチルの母となるジェニー・ジェロームが考案したとする説などが有名。

アルコール度数
この度数はあくまで概算値です。実際に使うお酒や材料、氷の量などの違いで変動します。

レシピ
カクテルの材料と分量が表示されています。ショートドリンクは分数表示、ロングドリンクはmlなどの分量表示になっています。
分数表示は、グラス1杯分のカクテル総量を1として、それぞれの材料の占める割合です。例えば氷から融け出す水などを除いた純粋な材料の総量を60mlとすると、3/4とあれば45ml(60ml×3/4)になります。
分量表示の単位、1tspは約5ml(ティースプーン1杯)、1dashは約1ml(瓶をひと振りする。4〜5滴)を表します。

カクテルの作り方
作り方を簡単に説明しています。

技法

シェイク……【Shake】シェイカーを振って氷と材料を混ぜ合わせ、氷が入らないようにストレーナー(こし器)は付けたまま、トップ(キャップ)をはずしてグラスに注ぎます。

ステア………【Stir】ミキシンググラスに氷と材料を入れてバースプーンでステア(かき混ぜる)し、それにストレーナーをはめて、氷が入らないようにグラスに注ぎます。

ビルド………【Build】材料を直接グラスに入れ、バースプーンでステアします。ただし、「フロート」の場合はステアしません。

ブレンド……【Blend】ミキサー(バー・ブレンダー)を使って材料を混ぜ合わせます。主にフローズンタイプのカクテルで使用します。

ウイスキー ベース
Whisky base

ベース基礎知識

ウイスキー ……………… [Whisky]

　大麦、ライ麦、トウモロコシなど穀類を原料とする蒸留酒。起源は不明だが、11〜12世紀頃、アイルランドで造られていた蒸留酒がスコットランドに伝わったとされ、ウイスキーの語源はゲール語で"生命の水"を意味する「ウシュク ベーハ（uisge-beatha）」であると言われている。主な生産地はスコットランド、アイルランド、アメリカ、カナダ、日本。カクテルの材料とする際、レシピに指定がなければ、好みに応じてどのウイスキーを使用してもよい。

スコッチウイスキー

イギリス・スコットランド産のウイスキーで、原料と製法の違いでグレーンウイスキーとモルトウイスキー、ブレンデッドウイスキーの3つに分けられる。生産地区はローランド、ハイランド、スペイサイド、アイラ島など。「シングルモルト」は、単一蒸留所で製品化されたものを指し、複数の蒸留所のモルトを混合した製品は「ブレンデッドモルト」または「ヴァッテドモルト」と呼ばれる。代表的な銘柄は、ブレンデッドではバランタイン、シーバス・リーガル、オールド・パーなど。シングルモルトは、ザ・グレンリベット、グレンフィディック、ザ・マッカランなど。

アイリッシュウイスキー

アイルランド産のウイスキー。グレーンとモルトに大別できる点はスコッチウイスキーと同様だが、麦芽(モルト)の乾燥の際にスコッチでは使用するピート(泥炭)を用いないため煙臭がなく、蒸留の回数もスコッチの2回に対して3回。そのため、まろやかで軽い飲み口が特徴。代表的な銘柄は、ジェイムソン、タラモア・デュー、ブッシュミルズなど。

アメリカンウイスキー

アメリカ産のウイスキーで、原料の51%以上がトウモロコシの場合「バーボンウイスキー(80%以上はコーンウイスキー)」、ライ麦の場合「ライウイスキー」と呼ぶ。またジャック・ダニエルなどテネシー州で造られる製品は「テネシーウイスキー」と呼ばれ、バーボンの仲間とされることもあるが製法は多少異なる。バーボンは主にケンタッキー州バーボン郡で造られ、代表的な銘柄はワイルド・ターキー、フォア・ローゼス、ジム・ビーム、I.W. ハーパーなど。

カナディアンウイスキー

カナダ産のウイスキーで、クセのない軽快なフレーバーが特徴。ほとんどがブレンデッドウイスキーである。代表的な銘柄はカナディアン・クラブ、クラウン・ローヤル、シーグラムなど。

ジャパニーズウイスキー

日本産のウイスキー。スコッチに似た風味をもつとされ、外国でも高く評価されている。代表的な銘柄は山崎、白州、余市、竹鶴など。

Whisky Sour
ウイスキー サワー

度数 24度

テイスト 甘口 ●辛口

ウイスキー

ウイスキーに
酸味を効かせて
さっぱり味わう

技法 **シェイク**

Recipe

ウイスキー	45ml
レモンジュース	20ml
シュガーシロップ	1tsp
レモンスライス	1枚

◎材料をシェイクして氷を入れたサワーグラスに注ぎ、レモンスライスを飾る。

　サワーは「酸っぱい」の意。レモンの酸味を効かせて、さっぱり爽やかに仕上げたカクテルだ。ベースをブランデーに替えれば「ブランデー・サワー」(P.53)。ジン、ラムなどで作っても美味しい。度数を抑えたいときには、少量のソーダ水を加えてもいい。

　J.A.コンラス著『ウイスキー・サワーは殺しの香り』は、女性主人公の名前がなんとジャック（ジャクリーン）・ダニエルズ。バーボンの有名銘柄と同名のため、そのボトルをよくプレゼントされ、サワーにして飲むという場面が出てくるが、残念ながら小説の筋にカクテルが絡むわけではない。シカゴ警察の警部補であるジャックが連続殺人犯を追う、本格ミステリだ。

度数 **10度**

テイスト 甘口 ●―― 辛口

ウイスキー ハイボール
Whisky Highball

ウイスキー

現在、大流行中 炭酸が爽やかな ライトカクテル

技法 ビルド

Recipe

ウイスキー ……………… 30ml
ソーダ …………………… 適量

◎タンブラーに氷を入れてウイスキーを注ぎ、続いて冷えたソーダで満たして軽くステアする。

　「ウイスキー・ソーダ」とも呼ばれる、ウイスキーのソーダ割り。ウイスキーの種類によって、「スコッチ・ハイボール」、「バーボン・ハイボール」などとも呼ばれる。ハイボールの由来には諸説あり、ゴルフ用語からという説、アメリカの鉄道で使用されていたボール信号機からという説などが有名。

　日本では昭和30年代にハイボールが流行したが、その後ウイスキーの売り上げは低迷し、このカクテルの存在も半ば忘れられていた。ところが2009年、サントリーが主力商品「角」のCMに女優の小雪を起用し、飲み方としてハイボールを打ち出したところ大ブームに。ハイボールを置く飲食店も一気に増加した。

Whisky Float
ウイスキー フロート

度数 **10度**

テイスト 甘口 ●—— 辛口

ウイスキー

飲み方自在
まずは見た目を
楽しんで

技法 **ビルド**

Recipe

ウイスキー ……………… 30ml
水 ……………………………… 適量

◎氷を入れたタンブラーに水を注ぐ。バースプーンをあて、静かにウイスキーを注ぐ。

　透き通る水の上に琥珀色のウイスキーが浮かぶ、色のコントラストが美しいカクテル。液体の比重差を利用したもので、できるだけそっとウイスキーを注ぐのが上手く作るポイントだ。水ではなくソーダを使用してもいい。

　飲む際にも、最初は静かに口を付けたい。ストレートでウイスキーそのものの味を楽しみ、続いてロック、最後は水割り。ゆっくりと時間をかけて3種類の味わいを満喫できる。なお、日本では氷を入れたグラスで水割りにして飲むことの多いウイスキーだが、味と香りをしっかり確かめるなら、氷は入れず、水とウイスキーを1:1で作る「トワイス・アップ」がおすすめ。

度数 **27度**

テイスト 甘口 ●—— 辛口

オールド パル

Old Pal

ウイスキー

ウイスキーに
ほのかな甘みと
ほろ苦さをプラス

技法 **ステア**

Recipe
___

- **ライウイスキー** ……………… 1/3
- **ドライベルモット** ……………… 1/3
- **カンパリ** ………………………… 1/3

◎材料をミキシンググラスでステアして、カクテルグラスに注ぐ。

　オールド・パルは「古い仲間」の意。アメリカでは1920年に施行された禁酒法以前から飲まれていたという昔ながらのカクテルだ。ウイスキーの香り、カンパリのほろ苦さ、ベルモットの風味がマッチし、ほのかな甘みが舌に残る。深い赤色も美しく、落ち着いた大人によく似合う一杯である。

　ベースのライウイスキーは、原料の51%以上にライ麦が使用されたものを言う。製法はバーボンと同様のため、バーボンの代表的な銘柄である「ワイルド・ターキー」「ジム・ビーム」などが同名のライウイスキーも生産している。トウモロコシを主原料とするバーボンとはひと味違うスパイシーさがあり、コクも深い。

Old Fashioned
オールド ファッションド

度数 32度

テイスト 甘口 ● 辛口

ウイスキー

甘みと酸味
好みの味を
自分で作ろう

技法 ビルド

Recipe

ウイスキー⋯⋯⋯⋯⋯⋯⋯⋯ 45ml
角砂糖⋯⋯⋯⋯⋯⋯⋯⋯⋯ 1個
アロマチックビターズ ⋯ 2dashes
レモン、オレンジ、ライム⋯⋯各1枚

◎グラスに角砂糖を入れてアロマチックビターズを振る。クラッシュドアイスを詰めてウイスキーを注ぎ、フルーツのスライスを飾ってマドラーを添える。

　添えられたマドラーで砂糖を溶かしたり、フルーツを搾ったり、自分の好みの味に調整しながら飲むカクテル。ウイスキーは、ライまたはバーボンを使う。
　このカクテルの誕生は、19世紀半ば、ケンタッキー・ダービーで知られる街ルイビルの「ペンデニス・クラブ」のバーテンダーが競馬ファンの常連客のために考案したという説が有力だが、英国首相ウィンストン・チャーチルの母、ジェニー・ジェロームの作とする説もあるようだ。いずれにしても、古くから愛されてきたスタンダードカクテルの一つである。
　ロックグラスを指す「オールド・ファッションド・グラス」は、このカクテルの名前に由来する。

度数
32度

テイスト
甘口 ●—— 辛口

King's Valley
☆ **キングス バレイ**

ウイスキー

色の魔術師による
美しいグリーン
1986年優勝作品

技法 **シェイク**

Recipe

スコッチウイスキー	4/6
ホワイトキュラソー	1/6
ライムジュース	1/6
ブルーキュラソー	1tsp

◎材料を順に入れてシェイクし、カクテルグラスに注ぐ。

　緑色の材料を使わずに鮮やかな緑色を作り出し、監修者・上田氏が"色の魔術師"と呼ばれるゆえんとなった作品。1986年、第1回スコッチ・ウイスキー・カクテルコンテストで見事優勝を獲得した。

　キングス・バレイの名は、スコッチの造られる山深い渓谷をイメージし付けられた。「谷の王者」の名にふさわしい緑色は、ウイスキーとブルーキュラソーの組み合わせによる。ライムが効いて爽やかな味わいだ。

　スコッチはシェイクをすると、独特のえぐみに似た味が生じるという。このえぐみが出ない銘柄として、銀座テンダーでは「ホワイト&マッカイ」「オールド・パー」の2銘柄を使用している。

God-Father
ゴッドファーザー

度数 **34度**

テイスト 甘口 ●—— 辛口

ウイスキー

口当たりよく
甘く芳醇な
大人のカクテル

技法　ビルド

Recipe

ウイスキー ················· 45ml
アマレット ··················· 15ml

◎オールドファッショングラスに氷を入れて材料を注ぎ、ステアする。

　アマレットは杏の核から造られるイタリア産のリキュールで、アーモンドのような甘い香りと味わいが特徴。ウイスキーにアマレットを加えると、両者の馥郁たる香りが混じり合って、滑らかな飲み心地のカクテルが出来上がる。ウイスキーの種類は特に指定されていないが、スコッチを使うことが多い。なお、ベースをウォッカに替えると「ゴッドマザー」(P.89) になる。

　名前は、1972年公開の映画『ゴッドファーザー』にちなんで付けられた。ご存知のように不朽の名作として名高い、アメリカにおけるイタリア系マフィアを描いた物語だ。ゴッドファーザーの本来の意味は、キリスト教の洗礼式に立ち会う代父のこと。

度数 **14度**

テイスト 甘口 ●―― 辛口

John Collins
ジョン コリンズ

ウイスキー

真夏に飲みたい炭酸が爽やかなロングドリンク

技法 **シェイク**

Recipe

バーボンウイスキー	60ml
レモンジュース	20ml
シュガーシロップ	2tsp
ソーダ	適量

◎ソーダを除く材料をシェイクし、グラスに注ぐ。氷を加え、ソーダで満たして軽くステアする。

　スピリッツにレモンジュースと甘味を加え、ソーダで満たしたドリンクを「コリンズ」と呼ぶ。ジョン・コリンズは、かつてはオランダジンで作られていたが、1930年代以降ドライジンで作られるようになり、現在はウイスキーで作ったものをジョン・コリンズ、ジンで作ったものは「トム・コリンズ」(P.71)と呼ぶようになった。ジン以外のラムやウォッカを使った場合は、このカクテルの別名「ウイスキー・コリンズ」のように、使用したスピリッツの名を冠して呼ぶ。

　名前の由来は、19世紀ロンドンの名バーテンダー、ジョン・コリンズ氏がこのカクテルを創作したからとする説がよく知られている。

New York
ニューヨーク

ウイスキー

度数 25度

テイスト 甘口 ●— 辛口

都会の夜に似合う キリッとした味 深みのある色合い

技法 シェイク

Recipe

ウイスキー	3/4
ライムジュース	1/4
グレナデンシロップ	1/2tsp
シュガーシロップ	1tsp

◎材料をシェイクし、カクテルグラスに注ぐ。好みでオレンジピールする。

　言わずと知れた大都会、アメリカ・ニューヨークの名を冠したカクテル。ウイスキーもアメリカのライかバーボンを使用することが多い。

　都会の夜景を思わせる深みのあるオレンジ色は、グレナデンシロップの量がポイント。入れすぎるとピンク色になってしまうので気をつけたい。ライムジュースの酸味が効いてさっぱりとした味わいだが、シンプルなレシピだけに、ベースのウイスキーによってかなり味が変わる。このニューヨークに限らず、バーによる違いを味わうのもカクテルの楽しみの一つだ。自分で作るなら、ベースを色々試すのはもちろん、酸味と甘みのバランスを好みに応じて調整するといいだろう。

度数 **11度**

テイスト 甘口 ●—— 辛口

Highland Cooler
ハイランド クーラー

ウイスキー

夏向きドリンク
スコッチを
ひんやり爽快に

技法 **シェイク**

Recipe

- スコッチウイスキー ………… 45ml
- レモンジュース ………… 15ml
- シュガーシロップ ………… 1tsp
- アロマチックビターズ … 2dashes
- ジンジャーエール …………… 適量

◎ジンジャーエールを除く材料をシェイクし、氷を入れたグラスに注ぐ。冷えたジンジャーエールで満たして軽くステアする。

　スコッチの産地、スコットランドのハイランド地方の名を冠したカクテル。ハイランド地方で造られるウイスキーは「ハイランド・モルト」の名で親しまれているが、地域が広範囲にわたるため蒸留所による個性が大きく、味わいは多種多様。とはいえ、ハイランド・クーラーには必ずハイランド地方のウイスキーを使わなければいけない、というわけではない。

　名前に「クーラー」の付くカクテルは、その名のとおり清涼感に満ちており、夏向きのドリンクと言える。通常、スピリッツに酸味と甘味を加え、炭酸飲料で満たしたものを指すが、「サラトガ・クーラー」（P.166）のようにノンアルコールのドリンクもある。

ホット ウイスキー トデイ
Hot Whisky Toddy

度数 12度

テイスト 甘口 ●—— 辛口

ウイスキー

冬の定番
甘いお湯割りで
身体を温める

技法　ビルド

Recipe

ウイスキー	45ml
湯	適量
角砂糖	1個
レモンスライス	1枚
クローブ	2〜3粒

◎温めたホルダー付きのタンブラーにウイスキーを注ぎ、お湯で満たす。角砂糖とレモンスライス、クローブを入れる。

　スピリッツに砂糖を入れ、お湯または水で満たすのが「トディ（もとはヤシ酒の意）」スタイル。砂糖の代わりに蜂蜜を使うレシピもあるが、要はお湯割り、水割りに甘味を加えた飲み物を指す。水で作った場合には、ホットを取り「ウイスキー・トディ」と呼ぶ。ベースはブランデー、ラム、ジン、テキーラなどに替えてもよく、お湯なら「ホット・ブランデー・トディ」のように、使用したスピリッツの名を冠して呼ばれる。
　立ち上る湯気からクローブの甘く刺激的な香りが漂い、砂糖の甘みで飲みやすく、体の芯から温まる。冬向きのホットカクテルの代表的な存在だ。自宅で寝酒に作って飲むのもいいだろう。

度数 **10度**

テイスト 甘口 ●——— 辛口

Mamie Taylor
マミー テイラー

<ウイスキー>

ほのかな酸味と
ジンジャーエールで
のど越し爽やか

技法 ビルド

Recipe

- **スコッチウイスキー** ……… 45ml
- **レモンジュース** …………… 20ml
- **ジンジャーエール** …………適量

◎グラスに氷を入れ、ウイスキーとレモンジュースを注ぐ。冷えたジンジャーエールで満たして軽くステアする。

　別名「スコッチ・バック」。スピリッツにレモンジュースとジンジャーエールを加えるレシピを「バック」スタイルと呼び、「バーボン・バック」、「ジン・バック」、「ブランデー・バック」、「ラム・バック」などがよく飲まれる。バックには「Stag（雄鹿）」の意味があり、キックのある飲み物ということから名付けられたという。

　マミー・テイラーの名前の由来は不明だが、メアリ、マーガレットなどの女性名をアメリカでは愛称でマミーと呼ぶそうだ。このカクテルを最初に考案したのはマミー・テイラーさんなのかもしれない。なお、このカクテルにちなみ、ジン・バックを「マミーズ・シスター」と呼ぶこともある。

Manhattan
マンハッタン

度数 **32度**

テイスト 甘口 ━●━ 辛口

ウイスキー

優雅な口当たり
世界中で愛される
カクテルの女王

技法 **ステア**

Recipe

ウイスキー	3/4
スイートベルモット	1/4
アロマチックビターズ	1dash
レッドチェリー	1個
ピール用レモン	

◎チェリーとレモンを除く材料をステアし、グラスに注ぐ。チェリーをカクテルピンに刺してグラスに沈め、レモンピールする。

　アロマチックビターズのほのかな苦味とスイートベルモットの甘みを芳醇なウイスキーが包み込む、繊細な味わい。19世紀半ばから世界中で愛飲されてきたスタンダードカクテルで、"カクテルの女王"とも呼ばれている。ちなみに、"カクテルの王様"はジンベースの「マティーニ」(P.61)だ。

　ウイスキーはライまたはバーボンを使用する。カナディアンを使うこともあるが、いずれにしても名前のとおりにアメリカンタイプを使用したい。名の由来については諸説あり、マンハッタンの夕日をイメージしたとする説、後に英国首相チャーチルの母となるジェニー・ジェロームが考案したとする説などが有名。

度数 **34度**

テイスト 甘口 ━━● 辛口

Dry Manhattan
ドライ マンハッタン

ウイスキー

キリッと辛口 マンハッタンが 男性的に変身

技法 **ステア**

Recipe

ウイスキー	3/4
ドライベルモット	1/4
アロマチックビターズ	1dash
オリーブ	1個

◎オリーブを除く材料をステアし、グラスに注ぐ。オリーブをカクテルピンに刺してグラスに沈める。

　優雅なカクテルの女王「マンハッタン」のスイートベルモットをドライベルモットに替えると、表情は一変、引き締まった辛口の「ドライ・マンハッタン」に生まれ変わる。味と色合いの変化に合わせて、デコレーションも可愛らしいレッドチェリーからオリーブに。レシピによってはミントチェリーとするものもあるし、好みに応じてパールオニオンでもいいだろう。

　スイートとドライ、両方のベルモットを加えると「ミディアム・マンハッタン」となる。両者の中間的な味わいで、別名「パーフェクト・マンハッタン」。この場合のデコレーションには、マンハッタンと同じレッドチェリーが使われることが多いようだ。

Mint Julep
ミントジュレップ

度数 28度

ウイスキー

テイスト 甘口 ●─ 辛口

競馬ファン愛飲の ミントが爽やかな クールドリンク

技法 ビルド

Recipe

バーボンウイスキー	60ml
シュガーシロップ	2tsp
ミントの葉	5〜6枚

◎コリンズグラスにミントの葉とシュガーシロップを入れ、ミントの葉をつぶす。クラッシュドアイスをグラスに詰めてウイスキーを注ぎ、十分にステアして別のミントの葉を飾る。ストロー2本を添える。

　グラスで砂糖を溶かしながらミントの葉をつぶし、クラッシュドアイスを詰めて作るカクテルを「ジュレップ」スタイルと呼ぶ。アメリカ南部に古くから伝わる飲み方で、1815年にイギリスの船長がアメリカの農園でこの飲み方を知ったという記録もあるそうだ。バーボンを使うミント・ジュレップのほか、「シャンパン・ジュレップ」「ラム・ジュレップ」、ブランデーとアプリコットブランデーを使う「ジョージア・ミント・ジュレップ」などがよく知られている。

　このカクテルは、ケンタッキーダービーのオフィシャルドリンクとなっていることでも有名。写真に同ダービーのグラスを使ったのもそのためである。

Rusty Nail

ラスティ ネイル

度数 **37度**

テイスト 甘口 ●── 辛口

ウイスキー

古い歴史をもつ
王家の秘酒で
甘美な味わいを

技法 **ビルド**

Recipe

スコッチウイスキー ………… 40ml
ドランブイ ………………… 20ml

◎グラスに氷を入れてウイスキーとドランブイを注ぎ、ステアする。

　ドランブイはスコッチウイスキーに蜂蜜、ハーブ、スパイスなどを加えて造られるリキュール。ゲール語の「満足できる酒 (dram buidheach)」に由来し、甘みが強く、深い味わいが印象的だ。18世紀スコットランドにおいて、チャールズ・エドワード王子が王家に伝わる秘伝の製法をハイランドのジョン・マッキノンに褒美として授けたと言われている。

　スコッチにスコッチから造られた酒を混ぜるこのカクテルは、ドランブイの甘みが効いて、食後酒に向く一杯。ラスティ・ネイルは「錆びた釘」の意味で、色合いが似ているからという説と、イギリスの俗語で「古めかしいもの」を指すことからという説とがある。

Rob Roy
ロブ ロイ

度数 **34度**

テイスト: 甘口 ●――― 辛口

ウイスキー

義賊の名を冠した
イギリス版
マンハッタン

技法 **ステア**

Recipe

- スコッチウイスキー ……… 3/4
- スイートベルモット ……… 1/4
- アロマチックビターズ ……1dash
- マラスキーノチェリー ……… 1個
- ピール用レモン

◎チェリーとレモンを除く材料をミキシンググラスでステアし、カクテルグラスに注ぐ。カクテルピンに刺したチェリーをグラスに沈め、レモンピールする。

「マンハッタン」(P.30) のベースをスコッチに替えるとこのカクテルになる。マンハッタン同様、ベルモットをドライに替えれば「ドライ・ロブ・ロイ」だ。

ロブ・ロイとは「紅毛のロバート」の意味で、スコットランド・ハイランド地方に17世紀後半から18世紀初頭にかけて実在した、ロバート・ロイ・マクレガーの通称である。スコットランドにおいては、アウトローながら英雄視されている人物だ。カクテルの創作者はイギリス・ロンドンの名門ホテル「ザ・サヴォイ」のバーテンダー、ハリー・クラウドック氏とされている。ちなみに、1930年に同氏が著したカクテルブックは今なおバーテンダーの教科書であり続けている。

ブランデー ベース
Brandy base

ベース基礎知識

ブランデー ……………[Brandy]

　果実を主原料とする蒸留酒の総称だが、単に「ブランデー」と言う場合はワインの蒸留酒を指し、オランダ語で"焼いたワイン"を意味する「ブランデヴェイン（Brandewijn）」が語源とされる。起源は不明だが、12～13世紀頃のヨーロッパで医師や錬金術師がワインを蒸留していたという記録があるそうだ。世界中で生産されているが、フランス産のコニャックが最も名高い。ワイン蒸留酒以外のフルーツブランデーもカクテルにはよく使われる。

コニャック

　フランス南西部コニャック地方の法定地域内で栽培される白ブドウ、サンテミリオン種を原料として造られる。アルマニャックも同様だが、フランスではブランデーの品質を守るため、生産地、ブドウの品種、蒸留法などを法律で細かく規定しており、条件に合った製品のみがコニャックまたはアルマニャックを冠することが許される。代表的な銘柄は、レミー・マルタン、カミュ、ヘネシーなど。熟成年数によって V.O、V.S.O、V.S.O.P、X.O、エクストラ、ナポレオンなどと表記される。

アルマニャック

　フランス南部アルマニャック地方の法定地域内で生産される。ブドウはサン・テミリオン種、フォル・ブランシュ種などを原料とし、コニャックよりもフレッシュな飲み口で香りが強いとされる。代表的な銘柄はシャボーなどだが、日本ではコニャックの人気が高く、アルマニャックはあまり見かけない。

アップルブランデー

　リンゴ酒（シードル）を蒸留して造るブランデー。代表的な銘柄はカルヴァドスだが、「カルヴァドス」を冠することができるのはフランス・ノルマンディー地方で造られたもののみである。アメリカ産のアップルジャックもよく知られている。

その他

　ブドウの絞りかすを発酵させたアルコールを蒸留して造る、イタリア産のグラッパ、フランス産のマールなどもブランデーである。その他、フルーツから造った蒸留酒もブランデーの仲間で、フランスでは「オー・ド・ヴィー・ド・フリュイ」と総称されている。

Alexander
アレキサンダー

ブランデー

度数 **26度**

テイスト 甘口 ●━━ 辛口

飲めない人まで虜にする…？芳醇なチョコ味

技法 **シェイク**

Recipe

ブランデー	2/4
クレームドカカオ	1/4
フレッシュクリーム	1/4

◎材料を十分にシェイクし、カクテルグラスに注ぐ。好みでナツメグを振る。

　ブランデーの甘美な香りに滑らかな口当たりのクリームとクレームドカカオがマッチし、上質のチョコレートケーキを味わっているよう。英国国王エドワード7世がアレキサンドラ王妃に捧げたカクテルと言われ、初めは「アレキサンドラ」と呼ばれていたものが、いつの頃からか「アレキサンダー」と男性名に変化したのだという。ブランデーをドライジンに、クレームドカカオをクレームドミントに替えると「アレキサンダー・シスター」というカクテルになる。

　1962年製作の映画『酒とバラの日々』では、主人公がお酒の飲めない妻にこのカクテルをすすめ、やがて彼女はアル中に…。飲み過ぎにはご用心。

度数	
26度	

テイスト
甘口 ●——— 辛口

オリンピック
Olympic

ブランデー

爽やかな味と香り
五輪選手の活躍を
祈って乾杯！

技法 **シェイク**

Recipe

ブランデー	1/3
オレンジキュラソー	1/3
オレンジジュース	1/3

◎材料を順に入れてシェイクし、カクテルグラスに注ぐ。

　オリンピックといえば、言わずと知れた4年に一度のスポーツの祭典。このカクテルは、1924年開催のパリ大会を記念して「ホテル・リッツ」で創作されたという。ブランデーがオレンジジュースの爽やかな味とキュラソーの香味を下支えし、フルーティーで甘めの味わいながら深みを感じさせる一杯。華やかな色合いは心楽しく、五輪選手の活躍を祈って、あるいはメダル獲得を祝って乾杯するのにぴったりだ。もちろん自分自身の勝負事の前や、何かをやり終えた後の充実感とともに傾けるのもいい。
　オレンジジュースは市販のものでもよいが、生のオレンジを搾って作ればより美味しく出来上がる。

Calvados Cocktail
カルヴァドス カクテル

度数 24度

テイスト 甘口 ― 辛口

ブランデー

リンゴとオレンジ
誰にでも好まれる
2種の果実の調和

技法 **シェイク**

Recipe

アップルブランデー(カルヴァドス)	2/6
ホワイトキュラソー	1/6
オレンジビターズ	1/6
オレンジジュース	2/6

◎材料をシェイクし、カクテルグラスに注ぐ。

　ただ「ブランデー」と言った場合はブドウを原料とするものを指すが、カルヴァドス・カクテルにはリンゴを原料とするアップルブランデーを使用する。アップルブランデーの中でもフランス・ノルマンディー地方で造られるもののみが「カルヴァドス」を名乗ることが許されており、このカクテルにはやはりカルヴァドスを使うのが本式だろう。華やかな香りをもつ辛口のカルヴァドスにキュラソーとジュースの甘み、ビターズのほろ苦さが絶妙に調和し、誰にでも好まれる飲みやすい中口となっている。

　なお、カルヴァドスはストレートで食後に飲まれることも多く、チーズやシガーとの相性も抜群である。

度数	*Sidecar*
30度	# サイドカー
テイスト 甘口 ●—— 辛口	ブランデー

バリエーション豊富 シェイクスタイルの 代表格カクテル

技法 **シェイク**

Recipe

ブランデー	2/4
ホワイトキュラソー	1/4
レモンジュース	1/4

◎材料をシェイクし、カクテルグラスに注ぐ。

　シェイクスタイルカクテルの基本形とされ、ジンベースの「ホワイト・レディ」(P.79)、ウォッカベースの「バラライカ」(P.94)、ラムベースの「X.Y.G.」(P.102)など、このカクテルから派生した傑作も数多い。スピリッツ＋ホワイトキュラソー＋レモンジュースのシンプルなレシピは、ベースやキュラソーの銘柄、各材料の微妙な加減で味わいが大きく異なるから、バーを巡ってお気に入りの一杯を探すのも楽しみだ。

　名前の由来は諸説あり、第一次世界大戦下のパリで活躍したサイドカーからという説や、パリの「ハリーズ・ニューヨーク・バー」のバーテンダー、ハリー・マッケルホーン考案説などが有名。

Jack Rose
ジャック ローズ

ブランデー

度数 **20度**

テイスト 甘口 ●—— 辛口

優雅な薔薇色
華やかな香り
気品漂うカクテル

技法 **シェイク**

Recipe

アップルブランデー	2/4
ライムジュース	1/4
グレナデンシロップ	1/4

◎材料をシェイクし、カクテルグラスに注ぐ。

　アメリカではアップルブランデーを「アップルジャック」と呼ぶ。ニュージャージー産のリンゴを原料として造られるブランデーで、フランス産のカルヴァドスに比べ、甘みが強いのが特徴だ。このカクテルはアップルジャックを使うのが正式とされるが、日本ではカルヴァドスなど他のアップルブランデーが使用されることが多い。

　アップルブランデーの香りとグレナデンシロップのザクロの香りが混ざり合い、花のような芳香を放つジャック・ローズは、名前のとおり、薔薇の花弁を思わせる色合いが実に美しく、上品な大人の女性によく似合う一杯である。

度数
30度

テイスト
甘口 ●—— 辛口

Champs-Élysées
シャンゼリゼ

ブランデー

マロニエの若葉のようなパリ色カクテル

技法 **シェイク**

Recipe

ブランデー	2/4
シャルトリューズ（ジョーヌ）	1/4
レモンジュース	1/4
アロマチックビターズ	1dash

◎材料をシェイクし、カクテルグラスに注ぐ。

　『オー・シャンゼリゼ』の歌でもお馴染みの、パリ・シャンゼリゼ通りの名が付けられたカクテル。ブランデーとシャルトリューズ、どちらもフランス産の酒をミックスし、レモンの酸味とビターズのほろ苦さも加えた、繊細な味わいの一杯である。

　マロニエの並木が続くシャンゼリゼ通りは、毎年7月14日のパリ祭の舞台であり、世界最大の自転車レースとして知られるツール・ド・フランスのゴール地点でもある。フランスでは"世界で最も美しい通り"と称され、パリ市内で最も賑わう目抜き通りだ。そんなシャンゼリゼ通りからネーミングされたこのカクテル、お洒落なパリジェンヌを気取って手にしたい。

Stinger
スティンガー

度数 36度

テイスト 甘口 ●―― 辛口

ブランデー

爽やかな刺激を運ぶミントの風がブランデーを包む

技法 **シェイク**

Recipe

ブランデー	3/4
ホワイトペパーミント	1/4

◎材料をシェイクし、カクテルグラスに注ぐ。

　20世紀初頭、ニューヨークのレストラン「コロニー」で創作された。ペパーミントの清涼感がブランデーの甘さに合い、美味。食後酒として親しまれ、氷を入れたオールドファッショングラスにビルドして飲む場合もある。ベースをジンに替えると「ホワイト・ウィングス」（別名ホワイト・ウェイ、ジン・スティンガー）、ウォッカに替えると「ホワイト・スパイダー」（別名ウォッカ・スティンガー）となる。

　スティンガーとは、動植物の針やトゲのことで、転じて「毒牙」「毒舌家」なども意味するという。ミントの刺激からの命名と思われるが、酔って毒舌を吐かないように気をつけたい。

度数	
33度	*Dirty Mother*

ダーティー マザー

テイスト 甘口 ●━━ 辛口

ブランデー

食後の珈琲感覚で手軽に楽しめるシンプルレシピ

技法 **ビルド**

Recipe

ブランデー	40ml
コーヒーリキュール	20ml

◎グラスに氷を入れて材料を注ぎ、軽くステアする。

　ブランデーはコーヒーに数滴落として飲むことも多く、この2者の相性は抜群。となれば当然、ブランデーとコーヒーリキュールも合わないわけがない。2つの酒を混ぜるだけの簡単なレシピながら、互いが互いの味を引き立て、何とも深みのある一杯に仕上がっている。アルコールに弱い人は少量のミルクを加えてもいいだろう。甘党には、生クリームを加えた「ダーティー・ホワイト・マザー」もおすすめだ。なお、ベースをウォッカに替えれば「ブラック・ルシアン」(P.95)、テキーラに替えれば「ブレイブ・ブル」となる。

　それにしてもダーティーなマザーとはずいぶんな命名だが、由来は不明。ダーティーは色合いからか？

Cherry Blossom
チェリー ブロッサム

度数 27度

ブランデー

テイスト 甘口 ●─── 辛口

可憐で清楚な桜の花をイメージ日本生まれの作品

技法 シェイク

Recipe

ブランデー	1/2
チェリーブランデー	1/2
オレンジキュラソー	2dashes
グレナデンシロップ	2dashes
レモンジュース	2dashes

◎材料をシェイクし、カクテルグラスに注ぐ。

　サクランボの甘い香り漂うチェリーブランデーとブランデー、2種をベースに使い、オレンジとザクロの香味・甘みを加えた、まろやかなカクテル。フルーティーな甘口だが、レモンジュースの酸味が後味を引き締め、飲み口は爽やかだ。

　繊細なバランスの上に成り立つこのカクテルは、日本生まれの傑作として世界にも名高い。大正時代、横浜のバー「パリ」のオーナー田尾多三郎氏が桜の花をイメージして考案したとされる。私たちに馴染みのあるソメイヨシノよりも色合いは濃いが、華やかでありつつも可憐で清楚な佇まいである点は、まさに桜そのもの。花見の季節にぜひ味わいたい。

度数
39度

テイスト
甘口 ●—— 辛口

Nikolaschka
ニコラシカ

ブランデー

キュッとあおって口の中で作る変わり種カクテル

技法 ビルド

Recipe

ブランデー	適量
レモンスライス	1枚
砂糖	適量

◎リキュールグラスに砂糖を半分位入れてスプーンで押し固め、グラスを逆さにしてレモンスライスの上に砂糖をのせる。グラスにブランデーを注ぎ、砂糖をのせたレモンスライスをグラスの上に置く。

　飲む人が自らの口の中でミックスすることによってカクテルになるという変わり種。まず、砂糖をレモンで包んで口に入れる。砂糖が多すぎると感じた場合は、灰皿や紙ナプキンなどに不要な分の砂糖を落として構わない。レモンは皮ごと口に含むが、気になる人は皮をはずしてもいい。さて、レモンと砂糖を口に入れたら、そのまま飲み込めるようになるまでよーく嚙むのがポイント。十分に柔らかくなったところでキュッとグラスをあおり、口中の甘み・酸味とミックスして飲み下そう。実にハードボイルドな飲み物である。
　ニコラシカはロシアの男性名だが、このカクテルが生まれたのはドイツ・ハンブルクと言われている。

Hanatsubaki
☆ 花椿

ブランデー

度数 **30度**

テイスト
甘口 ━●━ 辛口

資生堂のシンボル
花椿をイメージした
オリジナルカクテル

技法 シェイク

Recipe

ブランデー	4/6
クレームドフランボワーズ	1/6
クレームドカシス	1/6
ライムジュース	1tsp

◎材料をシェイクし、カクテルグラスに注ぐ。

　監修者・上田氏は「銀座テンダー」開店以前、資生堂パーラーの「レストラン ロオジエ」にてチーフバーテンダーとして長年勤務されていた。入社は1974年、そして翌年、ロオジエでは初となるオリジナルカクテルとして創作したのがこの花椿だ。

　その名のとおり、色合いは椿の花弁色。ブランデーに2種のリキュールを加えることで、印象に残る美味なる味わいを生み出している。カクテルがのどを通り過ぎた後、鼻腔に残る芳香に陶然とさせられる一杯は、資生堂の化粧品が似合う大人の女性におすすめしたい。ただし、アルコール度数は高めなので注意。飲み過ぎないのも大人の女性のたしなみだ。

ハーバード クーラー

Harvard Cooler

度数
10度

テイスト
甘口 ●━━ 辛口

ブランデー

スキッと爽快
真夏に飲みたい
クールドリンク

技法 **シェイク**

Recipe

アップルブランデー	45ml
レモンジュース	20ml
シュガーシロップ	1tsp
ソーダ	適量

◎ソーダを除く材料をシェイクし、氷を入れたグラスに注ぐ。冷えたソーダで満たし、軽くステアする。

　レモンジュースの酸味と涼しげに弾ける炭酸の中から、リンゴのほのかなアロマが香る。キリッと冷たいカクテルはのど越しも爽やかで、暑い夏、汗をかいて疲れた体に活力を取り戻してくれる一杯だ。

　ハーバードの名の由来は不明だが、やはりアメリカの名門ハーバード大学から取られたものだろう。スピリッツに酸味と甘味を加えたクーラースタイルのカクテルといえば、まず思い浮かぶのがラムベースの「ボストン・クーラー」(P.112)だが、ボストン市にはハーバード大学のキャンパスがある。ハーバード・クーラーは、ボストン・クーラーから派生して名付けられたと考えるのが妥当なところか。

B&B
ビー アンドビー

度数 40度

テイスト 甘口 ●―― 辛口

ブランデー

甘い薬草系の リキュールと混ぜる シンプルレシピ

技法 **ビルド**

Recipe

ブランデー ……………………… 30ml
ベネディクティン ……………… 30ml

◎グラスにブランデー、ベネディクティンの順に注ぐ(ミックススタイル)。注ぐ順番を逆にしたフロートスタイルもある。

　Bénédictine&Brandyの頭文字を取ってB&B。ベースにコニャックを使った場合は「B&C」、アルマニャックを使った場合は「A&B」と呼ぶこともある。

　ベネディクティンは1510年、フランスのベネディクト派の僧、ドン・ベルナード・ピンセリーによって造られた歴史あるリキュールで、27種類ものハーブを原料とする。ドム(DOM:Deo Optimo Maximo)の名でも呼ばれ、これは「全知全能の神へ」の意味。

　とろりと甘口のベネディクティンとブランデーとを合わせると、実に濃厚で甘美な味わい。2種の酒を混ぜるだけの手軽なレシピだが、アルコール度数が高いので、お酒に強い人向けの一杯である。

度数 **34度**

テイスト 甘口 ●—— 辛口

Between the Sheets
ビトウィーン ザ シーツ

ブランデー

「ベッドに入って」官能的で意味深なネーミング

技法 **シェイク**

Recipe

ブランデー	1/3
ホワイトラム	1/3
ホワイトキュラソー	1/3
レモンジュース	1tsp

◎材料を順に入れてシェイクし、カクテルグラスに注ぐ。

　直訳すれば「シーツの間」だが、意味としては「ベッドに入って」。ナイトキャップ向きのカクテルだから、とされるが、実に意味深なネーミングである。そう思って眺めると、クリーム色の外観もなぜだか官能的に見えてくるのは気のせいか？　ともあれ、意中の相手とのデートでオーダーすれば、ドキッとさせられること請け合い。ベタな誘い方という気もするが、相手のためにオーダーするのもいいだろう。

　ただし、1tspのレモンジュースのほかはすべてアルコールなので、度数は高い。誘惑の小道具に使う際には、酔いすぎないように、酔わせすぎないようにくれぐれも気をつけて。

Brandy Eggnog
ブランデー エッグノッグ

度数 11度

テイスト 甘口 ●――― 辛口

ブランデー

クリスマスの定番
栄養たっぷり
卵入りカクテル

技法 シェイク

Recipe

ブランデー	30ml
ダークラム	15ml
シュガーシロップ	1tsp
卵	1個
牛乳	60ml
ナツメグ	

◎シェイカーに牛乳とナツメグを除く材料と氷を入れ、強く長めにシェイクする。氷を1〜2個入れたタンブラーに注ぎ、牛乳で満たしてステアする。ナツメグを振る。

　アメリカのクリスマスには欠かせないパーティードリンクとして有名だが、現在は、世界各国で四季を問わず飲まれているスタンダードカクテルの一つだ。

　甘く、卵のふわふわとした口当たりが心地よく、滋養たっぷりな一杯。寒い冬場は、牛乳を温めて「ホット・ブランデー・エッグノッグ」として味わおう。風邪気味のときに洋風卵酒として飲むのもいい。

　ベースをマデイラ・ワインに替えると「ボルチモア・エッグノッグ」、ダークラムをオレンジキュラソーに替えると「ブレックファースト・エッグノッグ」となる。またノンアルコールのエッグノッグもあり、お酒の飲めない人や子どもも楽しめるカクテルである。

度数	
24度	

Brandy Sour

ブランデー サワー

テイスト 甘口 ●　辛口

ブランデー

甘みと酸味の
バランスが絶妙
お疲れ気味のときに

技法 **シェイク**

Recipe

ブランデー	45ml
レモンジュース	20ml
シュガーシロップ	1tsp
レモンスライス	1枚

◎レモンスライスを除く材料をシェイクしてサワーグラスに注ぎ、レモンスライスを飾る。

　レモンの酸味がよく効いて、かなり酸っぱいけれど、その刺激が心地よい一杯。仕事でくたくたに疲れたときなどにこのカクテルを飲むと、体の内側からシャキッと元気が甦ってくる。お酒を愛する大人のための強壮剤といった趣だ。

　サワーで元気を取り戻したら、2杯目はブランデー本来の味と香りを楽しむために、ストレートはいかがだろう。上質のブランデーは、ただグラスに注がれただけの状態でも芳しい香りを放つが、グラスの下を手で包み込んで温め、軽く揺らしてあげると、一層香りが際立つ。目で色を楽しみ、鼻で芳香を楽しみ、舌で豊かな味わいを楽しむ…何とも贅沢なひとときだ。

French Connection
フレンチ コネクション

度数 **34度**

テイスト 甘口 ●— 辛口

ブランデー

華やかな香りの甘く濃厚なカクテル アフターディナーに

技法 **ビルド**

Recipe

ブランデー	45ml
アマレット	15ml

◎グラスに氷を入れて材料を注ぎ、軽くステアする。

　1971年公開の映画『フレンチ・コネクション』にちなんで名付けられたというカクテル。麻薬密輸組織の逮捕劇を描いたこの物語は、実在したニューヨーク市警の刑事2人の実話をベースにしており、刑事ドラマの傑作として名高い。

　さてカクテルはと言うと、カーチェイスシーンの激しさで知られる映画とは趣が異なり、実にまったりとした味わい。ブランデーの芳醇な香りにアマレットのもつアーモンドのアロマが加わり、何とも華やかな芳香がグラスから立ち上る。深みのある甘口で、食後の一杯に最適だ。ゆっくりとグラスを傾けながら、アクション映画を鑑賞するのもいいだろう。

ジン ベース
Gin base

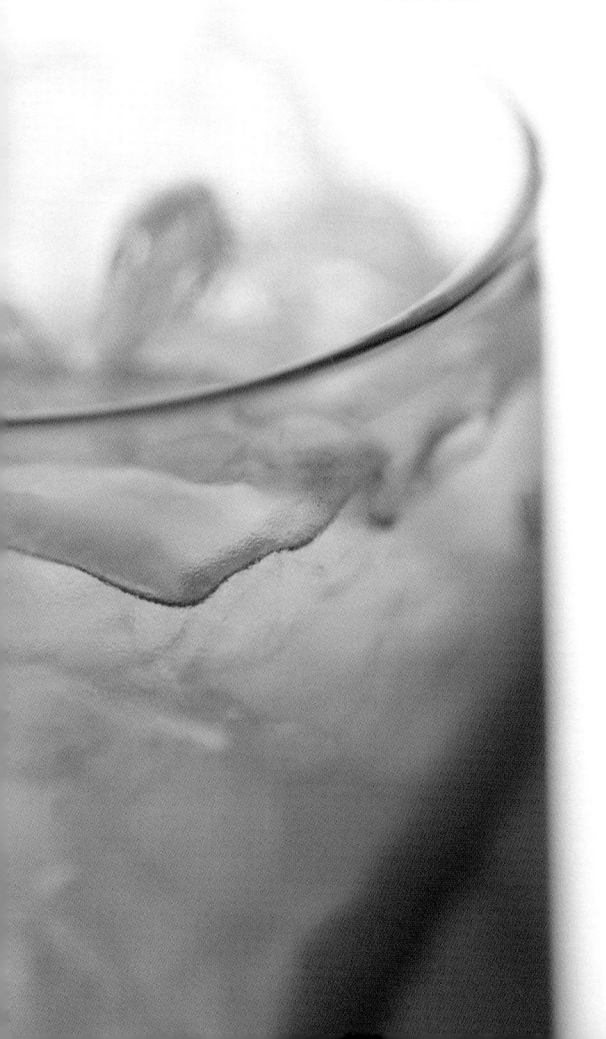

ベース基礎知識

ジン .... [Gin]

　ジンは1660年、オランダのライデン大学医学部教授で医者のフランシス・シルビウス氏が、当時、利尿剤として用いられていたジュニパーベリー(ねずの実)を使って薬用酒を造ったのが始まりとされる。利尿効果、解熱などに薬効があるとして薬局で売り出されたが、特有の芳香が人気となり、薬としてではなく酒として飲まれるようになった。その後、17世紀後半にイギリスに伝わってジン造りが本格化、生産量はオランダをしのぐほどとなった。

ドライジン

　大麦麦芽、ライ麦、トウモロコシなどを原料として造られる無臭のアルコール液を、ジュニパーベリーや香草などを詰めたジン・ヘッド付きの蒸留釜で蒸留する方法と、原料を蒸留した原液に直接ジュニパーベリーなどを加えて蒸留する方法がある。これはイギリス式の製造方法であり、正式にはロンドンドライジンと呼ぶ。現在、単に「ジン」と言った場合はドライジンを指すのが普通であり、カクテルの材料として使われるのも、ほとんどがドライジンだ。代表的な銘柄はビーフィーター、ゴードン、ボンベイ・サファイア、タンカレーなど。

オランダジン

　オランダ産のジンで、誕生当初の原形に近いとされる。別名ジュネヴァ。ドライジンよりも香りが強く、味は重い。カクテルにはあまり使わず、ストレートでそのまま飲まれることが多い。

オールドトムジン

　ドライジンに糖分を2%ほど加えた甘口のジン。「トム・コリンズ」（P.71）はこのジンを使うことから名付けられたが、現在はドライジンを用いるのが普通である。

その他

　ドイツ産のジン、シュタインヘーガーもよく知られている。ドライジンよりも香りが弱く、まろやかな味わい。ビールと交互に飲み、ビールで冷えたお腹をジンで温めるのがドイツ流の飲み方とか。また、ジュニパーベリーではなくフルーツで香りを付けた、リキュールタイプのフレーバードジンなどもある。

Alaska
アラスカ

度数 40度

テイスト 甘口 ● 辛口

ジン

アルコール度数高め アラスカの氷原を 思わす清冽な味

技法 シェイク

Recipe

ドライジン …………………… 3/4
シャルトリューズ（ジョーヌ） … 1/4

◎材料をシェイクし、カクテルグラスに注ぐ。

　シャルトリューズにはイエローのジョーヌとグリーンのヴェールがあり、このカクテルではジョーヌを使用する。各種ハーブと蜂蜜の風味豊かなシャルトリューズ・ジョーヌがジンに加わることで、ほのかな色味が美しい、まろやかな味わいのカクテルが出来上がる。アラスカの名のとおり、キンと冷やしたジンで作り、グラスの曇るさままで味わい尽くしたい。

　考案者は、ロンドンの名門ホテル「ザ・サヴォイ」のハリー・クラドック氏。氏が1930年に著し、今でもベストセラーとしてその名を知られている『サヴォイ・カクテルブック』にも載るオールドカクテルだ。

　アルコール度数は高く、お酒に強い人向き。

度数	
44度	

テイスト 甘口 ●—— 辛口

Green Alaska
グリーン アラスカ

ジン

アラスカの
バリエーション
さらに刺激的な味

技法 **シェイク**

Recipe

ドライジン ……………… 3/4
シャルトリューズ（ヴェール） … 1/4

◎材料をシェイクし、カクテルグラスに注ぐ。

　「アラスカ」（前ページ）のシャルトリューズを、ジョーヌからヴェールに替えるとこのカクテルになる。緑色のシャルトリューズ・ヴェールは、ジョーヌよりもスパイシーでハーブの香味が強く、アルコール度数も高い。したがってグリーン・アラスカは、アラスカよりもさらに清冽で刺激的な味わいだ。キリッとした辛口の、強いお酒が好きな人に向く一杯である。

　アラスカといえばアメリカの州の一つであるが、ロシア領だったアラスカをアメリカが購入したのは1867年、州に昇格したのは1959年だ。このカクテルが創作された1920年頃は、ゴールドラッシュで人々が流入したのち、街が形成されていった時代である。

Gibson
ギブソン

度数 **37度**

テイスト 甘口 ─ 辛口

ジン

洗練された外見
キリッと端麗な
大人味カクテル

技法 ステア

Recipe

ドライジン	6/7
ドライベルモット	1/7
パールオニオン	1個

◎ジンとベルモットをミキシンググラスでステアし、カクテルグラスに注ぐ。ピンに刺したオニオンを沈める。

　処方は「マティーニ」(右ページ)と同じだが、デコレーションはオリーブではなくパールオニオン。そしてジンの分量がより多く、より辛口に仕上がっている。澄んだ無色透明のグラスの底に、真珠のように沈むオニオンが美しく、洗練された美女を思わせる佇まい。好みに応じて、レモンピールしてもよい。

　誕生の由来は諸説あるが、19世紀末のアメリカの画家、チャールズ・ダナ・ギブソンにちなむとするものが多い。NYのプレイヤーズクラブで愛飲した、氏の描く女性たち"ギブソンガール"をイメージした、氏は実はアルコールに弱いので水を入れたカクテルグラスにオニオンを沈めて酒に見せかけた、などが有名。

度数	
34度	**Martini**

テイスト
甘口 ●━━ 辛口

マティーニ

ジン

カクテルの王
辛口の代名詞
レシピは多彩

技法 ステア

Recipe

ドライジン	3/4
ドライベルモット	1/4
オリーブ	1個
ピール用レモン	

◎ジンとベルモットをステアし、カクテルグラスに注ぐ。オリーブを沈め、レモンピールする。

　"カクテルの王"と称されるマティーニは、バーテンダーごと、また飲む人ごとにさまざまなこだわりがあり、どのレシピが正しいと一概に言えない。本書に記したのは、ごく標準的なレシピであるとお考えいただきたい。また、ジンの分量を増やした「エキストラ・ドライ」、ドライベルモットをスイートベルモットに替えた「スイート」、ドライとスイート両方のベルモットを加える「ミディアム」、ベルモットを日本酒に替えた「サケティーニ」、ジンをウォッカに替えた「ウォッカ・マティーニ」など、バリエーションも多彩だ。デコレーション違いの「ギブソン」（前ページ）もマティーニの仲間と言えるだろう。

Emerald Cooler
エメラルド クーラー

度数 9度

テイスト 甘口 ●—— 辛口

ジン

宝石の輝きを飲む冷涼で爽やかなライトカクテル

技法 シェイク

Recipe

ドライジン	30ml
グリーンペパーミント	15ml
レモンジュース	15ml
シュガーシロップ	1tsp
ソーダ	適量

◎ソーダを除く材料をシェイクし、タンブラーに注ぐ。氷を加えて冷やしたソーダで満たし、軽くステアする。

　名前のとおり、エメラルド色のグラスからソーダの気泡が弾け、見た目にも涼しげなカクテル。ミントの風味がジン独特のジュニパーベリー(ねずの実)の香りをややまろやかにし、清々しく爽やかな味わいだ。

　エメラルドはルビー、サファイアと並ぶ三大色石の一つで、クレオパトラが最も愛した宝石としても有名。宝石言葉は"幸運・幸福・清廉・夫婦愛"など。5月の誕生石でもあり、5月生まれの恋人にバーでこのカクテルをプレゼント、なんてことも楽しめそうだ。またカクテルは、その日の服装に色味を合わせてオーダーするのも楽しみの一つなので、グリーンのドレスやアクセサリーを身に着けたときにもおすすめ。

度数	
26度	*Gimlet*

テイスト
甘口 ●━━ 辛口

ギムレット

ジン

英国生まれの一杯
時代に合わせて
辛口傾向に

技法 **シェイク**

Recipe

ドライジン	3/4
ライムジュース	1/4
シュガーシロップ	1tsp

※テンダー・スタイル

◎材料をシェイクし、氷を1個入れたシャンパングラスに注ぐ。

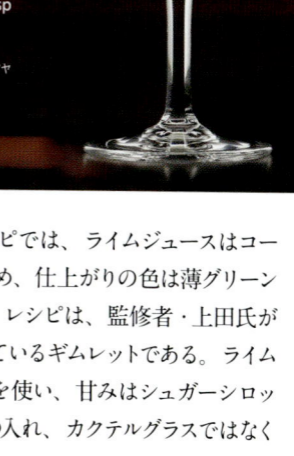

　スタンダードなレシピでは、ライムジュースはコーディアルを使用するため、仕上がりの色は薄グリーンとなる。本書の写真・レシピは、監修者・上田氏が実際に店舗で提供しているギムレットである。ライムジュースはフレッシュを使い、甘みはシュガーシロップで加える。氷を一つ入れ、カクテルグラスではなくシャンパングラスを用いる。スタンダードとはかなり表情の異なる一杯、ぜひお試しいただきたい。
　「ギムレットには早すぎる」(レイモンド・チャンドラー著『長いお別れ』)というあまりに有名な台詞でも知られるカクテルだが、英国で誕生した当初のレシピは現在よりもかなり甘口だったと言われている。

Gimlet Highball
ギムレット ハイボール

度数 **10度**

テイスト 甘口 ─●─ 辛口

ジン

ギムレットを
ライトに楽しむ
爽快な一杯

技法 **シェイク**

Recipe

ドライジン	45ml
ライムジュース	15ml
シュガーシロップ	1tsp
ソーダ	適量

◎ソーダを除く材料をシェイクし、氷を入れたタンブラーに注ぐ。ソーダで満たし、軽くステアする。

　"ギムレットには早すぎる"時間でも、ギムレット・ハイボールなら許される気がする…、そんなライト感覚の爽快感あふれる一杯。「ギムレット」(P.63)をソーダで割るとこのカクテルになるわけだが、ハイボールにする場合は、コーディアルのライムジュースを使うのではなく、フレッシュのライムジュースを使ったほうが断然いい。ライムの爽やかな香りも、このカクテルを美味しくする要素の一つだ。

　ギムレット誕生の由来には有名な説が2つある。シャープな飲み口から大工道具の「錐」を意味する名が付けられたとする説、もう一つはイギリス海軍の軍医ギムレット卿が考案したとする説だ。

度数	
26度	*Gin & Lime*
テイスト	# ジン ライム
甘口 ●─ 辛口	ジン

本家より人気?
ギムレットの
バリエーション

技法 ビルド

Recipe

ドライジン	…………	45ml
ライムジュース	…………	15ml
シュガーシロップ	…………	1tsp

※テンダー・スタイル

◎オールドファッショングラスに氷を入れてジンとライムジュースを注ぎ、軽くステアする。

　「ギムレット」(P.63)をシェイクせず、グラスに注いでオン・ザ・ロックにすると、このカクテルになる。お酒をたしなむ人であれば「ジン・ライム」の名は知っていると思うが、ギムレットを簡略に作ったものだとは意外に知られていないのでは。シェイクされていない分、味は少々無骨でハードボイルド。"男の酒"といった趣である。

　本書のレシピは、やはりテンダー・スタイル。スタンダードなレシピでは、ライムジュースはコーディアルを使い、シュガーシロップは入れない。どちらがよいということではないので、好みに応じて使い分ければよいだろう。バーによる違いを楽しむのも一興。

City Coral
☆ シティ コーラル

度数 9度

テイスト 甘口 ●―― 辛口

ジン

目で舌で楽しめる 圧倒的に美しい オリジナルカクテル

技法 **シェイク**

Recipe

ドライジン	20ml
ミドリ(メロンリキュール)	20ml
グレープフルーツジュース	20ml
ブルーキュラソー	1tsp
トニックウォーター	適量
塩／ブルーキュラソー	各適量

◎塩とブルーキュラソーでグラスにコーラルスタイルを施す。ブルーキュラソー1tspまでの材料をシェイクし、氷を入れたグラスに注ぐ。トニックウォーターで満たし、ステアする。

　1984年、全日本バーテンダー協会主催カクテルコンペティションで史上最高得点を獲得して優勝し、世界大会代表作品に選ばれた、監修者・上田氏のオリジナルカクテルである。スノースタイルに幅をもたせたコーラルスタイルのブルー、鮮やかに輝くグリーンの酒が美しく、華やかな気持ちにしてくれる一杯。街（シティ）にいながらリゾート気分を満喫できる。

　どうやって飲んだらいいのか？ と戸惑う人もいるかもしれないが、コーラルスタイルは崩さずそのまま飲めばいい。下唇に自然に付く塩が、メロンの香りのするやや甘口の酒を引き立て、何とも美味。アルコール度数は低めなので、お酒に弱い人にもおすすめだ。

シンガポール スリング

Singapore Sling

度数 **12度**
テイスト 甘口 ●—— 辛口

ジン

シンガポール発 世界中で愛される 有名カクテル

技法 **シェイク**

Recipe

ドライジン	45ml
レモンジュース	20ml
シュガーシロップ	1tsp
ソーダ	適量
チェリーブランデー	10ml

◎ソーダとチェリーブランデーを除く材料をシェイクし、氷3〜4個を入れたコリンズグラスに注ぐ。ソーダで8分目まで満たし、チェリーブランデーを底に沈めるように注ぐ。マドラーを添え、好みでフルーツを飾る。

　1915年、シンガポールの「ラッフルズ・ホテル」で誕生したことで知られる、世界でも有名なカクテルの一つ。ただし、私たちが普段親しんでいるシンガポール・スリングは、もとのレシピをロンドンの名門ホテル「ザ・サヴォイ」のハリー・クラドック氏がシンプルにアレンジしたものが礎となっている。また現在のラッフルズ・ホテルで提供されているシンガポール・スリングは、誕生当初のレシピともロンドンスタイルともずいぶん異なるとか。ホワイトキュラソーやグレナデンシロップなども加えられ、かなり甘口のトロピカルカクテルといった趣だそう。歴史の古いカクテルは、時代や作る人によって変化していく点も面白い。

Gin & Tonic
ジントニック

度数 **12度**

テイスト 甘口 ●━ 辛口

ジン

親しみやすい
定番カクテル
しかし奥深さも

技法 **ビルド**

Recipe

ドライジン	30〜45ml
トニックウォーター	適量
ライム	1/6cut

◎タンブラーに氷3〜4個を入れ、ドライジンを注ぐ。カットしたライムを搾り、そのままグラスに入れる。トニックウォーターで満たし、1回だけステアする。

　初めてのバーではまずジン・トニックを、とはよく聞く話である。シンプルなレシピゆえに、そのバーの性格がよく出るのだろう。ジンの銘柄や分量、ライムの酸味、トニックウォーターの甘み…、確かに作り手の微妙な加減が反映されやすいカクテルだ。

　しかし、「カクテルの名前はよく知らないし、とりあえずジン・トニック」という人も多いのでは。それほど親しまれている定番であり、気軽に飲めるのも魅力。バーによっては、ジンの銘柄を尋ねられることもあるが、希望があれば伝えればいいし、特になければバーテンダーに任せて、あなたが最も美味しいと思う組み合わせで、とオーダーすればいい。

ジン フィズ
Gin Fizz

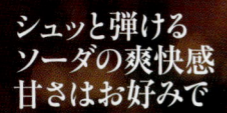

度数 12度
テイスト 甘口 ─●─ 辛口

ジン

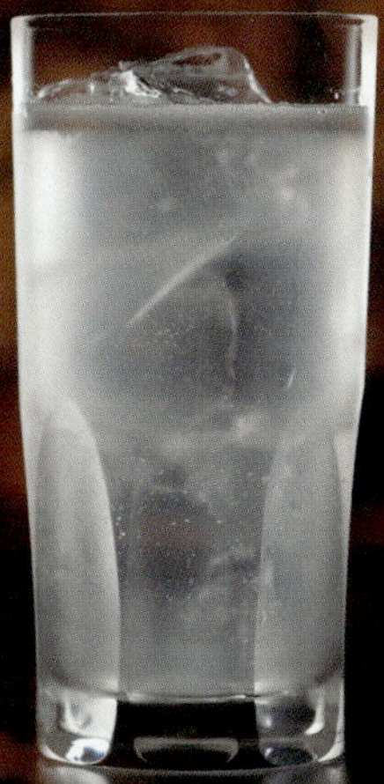

> シュッと弾ける
> ソーダの爽快感
> 甘さはお好みで

技法 **シェイク**

Recipe

ドライジン	45ml
レモンジュース	15ml
シュガーシロップ	2tsp
ソーダ	適量

◎ソーダを除く材料をシェイクし、氷3〜4個を入れたタンブラーに注ぐ。ソーダで満たし、1回だけステアする。

　フィズとは、ソーダの炭酸ガスが弾けるシュッという音の擬声語なのだそう。「ラム・フィズ」、「ブランデー・フィズ」、「カカオ・フィズ」、「バイオレット・フィズ」(P.143) など、フィズ系カクテルは各種あるが、中でもジン・フィズは代表的な存在としてよく知られている。レモンの酸味とソーダの気泡が爽やかな一杯、シュガーシロップの量は好みに応じて調整を。

　ジン・フィズには幾つかバリエーションがあり、卵黄を加えると「ゴールデン・フィズ」、卵白を加えると「シルバー・フィズ」、卵そのままを加えると「ロイヤル・フィズ」となる。またジン・フィズにミントの葉を飾ると「アラバマ・フィズ」になる。

ジン リッキー
Gin Rickey

ジン

度数 **12度**

テイスト 甘口 ●—— 辛口

キリッとクール
甘味を廃した
清涼感が身上

技法　ビルド

Recipe

ドライジン	45ml
ライム	1/2個
ソーダ	適量

◎グラスにライムと氷を入れ、ジンを注ぐ。冷やしたソーダで満たし、マドラーを添える。

　フィズやサワーと異なり、甘味が一切入らないため、飲み口は非常にさっぱりとしている。添えられたマドラーでライムをつぶし、好みの酸味に調整して味わおう。「ジン・トニック」(P.68)や「ジン・フィズ」(P.69)は甘すぎるという人には、このカクテルがおすすめだ。

　リッキーの名の由来は、19世紀末、ワシントンのレストラン「シューメーカー」で考案されたこのカクテルを初めて飲んだ客が、カーネル・ジム・リッキー氏だったからと言われている。ジン・リッキーのほかにも、「ウイスキー・リッキー」、「ラム・リッキー」など、さまざまなスピリッツやリキュールをベースに使って作られ、人々に親しまれている。

トム コリンズ
Tom Collins

度数 **12度**

テイスト 甘口 ●——— 辛口

ジン

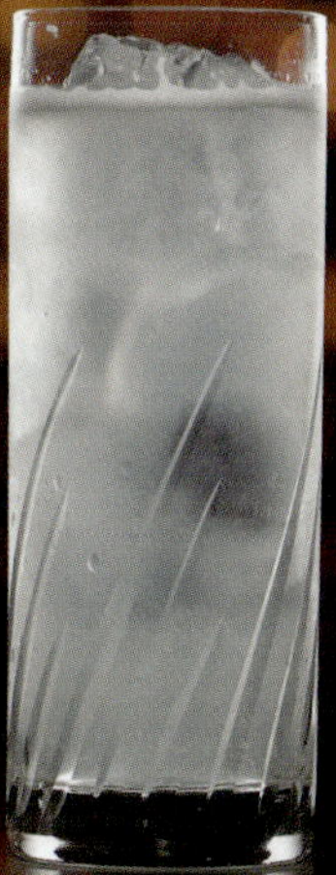

コリンズグラスに たっぷり注がれた 冷たく爽快な一杯

技法 **シェイク**

Recipe

- **ドライジン** ……………… 45ml
- **レモンジュース** ………… 20ml
- **シュガーシロップ** ……… 2tsp
- **ソーダ** …………………… 適量

◎ソーダを除く材料をシェイクし、氷を入れたコリンズグラスに注ぐ。冷やしたソーダで満たし、軽くステアする。

　レシピは「ジン・フィズ」(P.69)とほぼ同じだが、細長く背の高いコリンズグラスで供されるため、量がたっぷりしているのが特徴。夏にぴったりの一杯だ。

　コリンズの名は、このカクテルを考案した人物がジョン・コリンズ氏だったからとされ、トム・コリンズも当初はジョン・コリンズと呼ばれていた。しかし、今ではウイスキーベースを「ジョン・コリンズ」(P.25)、ジンベースを「トム・コリンズ」と呼び分けている。ジンベースがトム・コリンズと呼ばれるようになったのは、当初、ジンはオールドトムジンをベースに使ったからだそうだが、1930年以降はドライジンを使うレシピが主流となっている。

Nicky's Fizz
ニッキーズ フイズ

度数 **7度**

テイスト 甘口 ●―― 辛口

ジン

のど越し爽やか
グレープフルーツの
アロマが心地よい

技法 **シェイク**

Recipe

ドライジン	30ml
グレープフルーツジュース	30ml
シュガーシロップ	1tsp
ソーダ	適量

◎ソーダを除く材料をシェイクし、氷を入れたグラスに注ぐ。冷えたソーダで満たして軽くステアする。

　ジン・フィズ (P.69) のバリエーションカクテル。グレープフルーツジュースの爽やかな甘酸っぱさと、ジン独特のジュニパーベリーの風味がよくマッチして、清々しい香りがグラスから立ち上る。アルコール度数は低めで口当たりよく、夏の昼下がり、スポーツの後などのシチュエーションに似合いそうだ。

　ジン・フィズ、ジン・トニック (P.68)、ジン・リッキー (P.70) なども同様だが、自宅で清涼感が身上のカクテルを作る際には、ベースのジンをできるだけ冷やしておくと素人でも美味しく作れる。瓶ごと冷凍庫に入れておければベストだが、無理なら冷蔵庫でもいい。常温保存よりも味のキレが断然よくなる。

度数 **24度**

テイスト 甘口 ●—— 辛口

Negroni

ネグローニ

ジン

アペリティフに 甘くて苦い 大人の味わいを

技法 **ビルド**

Recipe

ドライジン	20ml
カンパリ	20ml
スイートベルモット	20ml

◎氷2〜3個を入れたグラスに材料を順に注ぎ、ステアする。

　イタリア・フィレンツェのレストラン「カソーニ」で、カミーロ・ネグローニ伯爵がアペリティフとして愛飲していたレシピを、1962年、同店のバーテンダーが氏の許可を得て発表したものと言われている。

　ジン、カンパリ、スイートベルモット、それぞれに個性的な3種の酒を同量ずつ混ぜ合わせて作り、甘さとほろ苦さ、複雑に絡み合う風味を堪能できる一杯。グルメだったというネグローニ伯爵の舌は、確かに人一倍優れていたようだ。

　近年の辛口傾向を反映して、ジン1/2、カンパリ1/4、スイートベルモット1/4とするレシピもある。また、好みに応じてスライスオレンジを飾ってもいい。

Paradise
パラダイス

度数 **26度**

ジン

テイスト
甘口 ●━━ 辛口

爽やかに甘く
フルーティーで
心弾む楽園の味

技法 **シェイク**

Recipe

ドライジン	2/4
アプリコットブランデー	1/4
オレンジジュース	1/4

◎材料をシェイクし、カクテルグラスに注ぐ。

　「楽園」と聞いてイメージするとおりの明るい色合いに心弾む。杏の芳醇な香りとオレンジジュースがよくマッチし、フルーティーでジューシーな味わいだ。甘さが気になるようなら、心持ちジンの分量を増やすとやや辛口になる。

　アプリコットブランデーを抜いて、ジン2/3、オレンジジュース1/3で作ると「オレンジ・ブロッサム」というカクテルになる。オレンジの花言葉「純潔」にちなみ、結婚披露宴のアペリティフとして供されることが多いとか。パラダイスよりもわかりやすい、あっさりとした味わいだ。「純潔」と「楽園」、どちらが好みか飲み比べてみては？

度数
29度

テイスト
甘口 ●―― 辛口

パリジャン
Parisian

ジン

パリっ子気分で小粋に傾けたい深紅の一杯

技法 **ステア**

Recipe

ドライジン	3/6
ドライベルモット	2/6
クレームドカシス	1/6

◎ミキシンググラスに材料と氷を入れて静かにステアし、カクテルグラスに注ぐ。

　「マティーニ」(P.61)が"カクテルの王"と称されるのは、ジンとドライベルモットの抜群の相性が生んだ傑作であったからだろう。パリジャンは、その相性抜群の2酒にクレームドカシスを加えたもので、マティーニのバリエーションとも言えるカクテルだ。カシス（黒すぐり）の深い紅色に染まったグラスが美しく、甘い香りにうっとりさせられる。

　パリジャンとは、「パリで生まれ育ったパリっ子」のこと。フランスにおいてもパリは特別な街であり、パリっ子には、スノビッシュで取っつきにくいなど、ややネガティブなイメージをもつ人もいるようだ。しかしカクテルのパリジャンは親しみやすく美味である。

Pure Love
☆ ピュア ラブ

度数 10度

テイスト 甘口 ●—— 辛口

ジン

**甘酸っぱく爽やか
ピュアな恋の味
上田氏初優勝作品**

技法 **シェイク**

Recipe

ドライジン	30ml
クレームドフランボワーズ	15ml
ライムジュース	15ml
ジンジャーエール	適量
ライムスライス	1枚

◎ジンジャーエールとライムを除く材料をシェイクし、タンブラーに注ぐ。氷を加え、冷えたジンジャーエールで満たし、軽くステアする。ライムスライスを飾る。

　1980年、全日本バーテンダー協会主催カクテルコンペティション全国大会創作の部にて初出場初優勝を果たした、監修者・上田氏のオリジナルカクテル。「シティ・コーラル」(P.66)や「キングス・バレイ」(P.23)など、数々の傑作レシピをもつ上田氏が、「最も印象に残っているオリジナルカクテル」と語る作品である。

　ライムとジンジャーエールの爽やかさにフランボワーズの甘酸っぱい風味がよく合い、ネーミングどおりの"ときめきの恋"の味。切ない恋の真っ最中の人はもちろん、このところ恋から遠ざかっているという人も、このカクテルを傾けて、初恋のあのときめきを思い出してみては？

ブルー ムーン
Blue Moon

度数 **26度**

テイスト 甘口 ●—— 辛口

ジン

妖艶な薄紫色 スミレの香りも 魅惑的な一杯

技法 シェイク

Recipe

- **ドライジン** …………… 2/4
- **バイオレットリキュール** …… 1/4
- **レモンジュース** ………… 1/4

◎材料をシェイクし、カクテルグラスに注ぐ。

　直訳すれば「青い月」だが、ご覧のとおり何とも妖艶な薄紫色。この色はニオイスミレの花を原料とするバイオレットリキュールによるもので、パフュームのように香りも高く、実に匂やかな一杯である。味わいは見た目の印象ほどは甘くなく、辛口のジンとレモンの酸味でさっぱりとした口当たり。

　セクシーな大人の女性が手にすると絵になりそうなカクテルであるが、バーカウンターに並んだ連れの女性を口説いている最中、彼女がこのカクテルをオーダーしたら気をつけて。ブルー・ムーンには「できない相談」との意味もあり、遠回しにあなたに NO を伝えているのかもしれない。

French 75
フレンチ75

度数 **18度**

テイスト: 甘口 ●―― 辛口

ジン

ジン&シャンパン
優雅な見た目とは
裏腹のネーミング

技法 シェイク

Recipe

ドライジン	45ml
レモンジュース	15ml
シュガーシロップ	1tsp
シャンパン	適量

◎シャンパンを除く材料をシェイクしてトールグラスに注ぎ、冷えたシャンパンで満たす。

　霞のような色合いの優雅な外見をもちながら、フレンチ75とは、なんと大砲の名前。第一次世界大戦中、当時の最新鋭兵器の名にちなんでパリで誕生したカクテルだ。大砲の割には口当たりよく、酸味と甘みのバランスも取れて美味であるが、シャンパンは度数は高くないがアルコールのまわりの早い酒。さらにジンが加わっているのだから、油断して飲み過ぎるとノックアウトされるかも…。名前にはやはり意味がある。「ダイヤモンド・フィズ」の別名があるように、このカクテルはフィズに分類される。なお、ベースをバーボンに替えると「フレンチ95」、ブランデーに替えると「フレンチ125」というカクテルになる。

度数 30度

テイスト 甘口 ─●─ 辛口

White Lady
ホワイト レディ

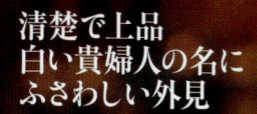

ジン

清楚で上品
白い貴婦人の名に
ふさわしい外見

技法 シェイク

Recipe

ドライジン	2/4
ホワイトキュラソー	1/4
レモンジュース	1/4

◎材料をシェイクし、カクテルグラスに注ぐ。

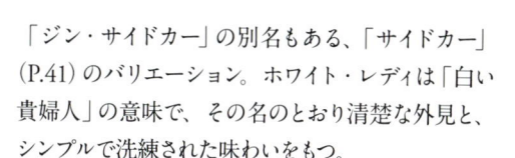

　「ジン・サイドカー」の別名もある、「サイドカー」（P.41）のバリエーション。ホワイト・レディは「白い貴婦人」の意味で、その名のとおり清楚な外見と、シンプルで洗練された味わいをもつ。

　併せて覚えておきたいカクテルとして「ピンク・レディ」と「ブルー・レディ」がある。ピンク・レディは、ドライジン3/4、グレナデンシロップ1/4、レモンジュース1tsp、卵白1個分をシェイクしてカクテルグラスに注ぐ。ブルー・レディは、ブルーキュラソー2/4、ドライジン1/4、レモンジュース1/4、卵白1個分をやはりシェイクしてシャンパングラスに注ぐ。それぞれ、ピンクとブルーの色合いが美しい一杯である。

Long Island Iced Tea
ロング アイランド アイス ティー

度数 16度

テイスト 甘口 ● 辛口

ジン

紅茶を使わずに見た目も味もアイスティーに

技法 ビルド

Recipe

ドライジン	15ml
ウォッカ	15ml
ラム（ホワイト）	15ml
テキーラ	15ml
ホワイトキュラソー	2tsp
レモンジュース	30ml
シュガーシロップ	1tsp
コーラ	適量
レモンスライス	1枚

◎コーラとレモンを除く材料を、クラッシュドアイスを詰めたグラスに注ぎ、冷えたコーラで満たして軽くステアする。レモンスライスを飾り、ストロー2本を添える。

　1980年代初頭にアメリカ・ニューヨーク州ロング・アイランドで生まれたとされるカクテル。紅茶を一滴も使っていないにもかかわらず、見た目も味もアイスティーそのものという何とも不思議な一杯だ。適度な甘みもあり、ソフトドリンク感覚でぐいぐい飲んでしまいそうになるが、レシピを見ればわかるとおり、ジンだけでなくアルコール度数の高い各種スピリッツがミックスされている。口当たりのよさに騙されないように気をつけたい。

　自宅で作る場合は、コーラを入れすぎないように注意しよう。コーラの分量が多いと、アイスティー風の味わいが損なわれてしまう。

ウォッカ ベース
Vodka base

ベース基礎知識

ウォッカ　……………………… [Vodka]

　ロシアを代表する伝統的な蒸留酒だが、詳細な起源は不明。1917年に起こったロシア革命で各国に亡命した白系ロシア人たちが、亡命先の国々でウォッカを造り始め、世界に広がったとされる。なかでもアメリカでは大量に生産されており、現在、ロシアと並ぶ2大消費国となっている。ウォッカの語源は、ロシア語で"生命の水"を指す「ズィズネーニャ・ワダ」の「ワダ（Voda）」がウォッカに変化したと言われている。

原料、製造方法、代表的な銘柄等

　小麦、大麦、ライ麦、トウモロコシ、ジャガイモなどを糖化・発酵させた後、連続式蒸留機で蒸留してアルコール度85〜94度の蒸留酒を造る。これを水で薄め、シラカバの炭などから作った活性炭の濾過層に通し、荒さや匂い、雑味などを除去する。濾過回数が多く、無味無臭・無色透明なほど上質なウォッカとなる。
　現在、東欧をはじめ世界各地で生産されているが、代表的な銘柄は、ロシア産のストリチナヤ、アメリカ産のスミノフなど。
　フランス産のグレイグースは、1997年に誕生した比較的新しいブランドだが、フランスの最高級小麦だけを原料とし、コニャック地方のピュアな湧き水を仕込み水とするなど、さまざまなこだわりをもつプレミアムウォッカとして人気が高い。グレイグースに完熟オレンジをブレンドしたル・オランジェ、ラ・フランスを加えて蒸留したラ・ポワールも発売されている。

スピリタス

　ポーランド産、アルコール度数96度のウォッカ。70回以上の蒸留を繰り返すことで純度を高めており、"世界最強の酒"と言われている。

フレーバードウォッカ

　ハーブやスパイス、フルーツなどで香味を施したウォッカ。ポーランドでよく生産されている。バイソングラス（ズブロッカ草）で香りを付けたズブロッカが有名。

Vodka Martini on the Rock
ウォッカ マティーニ オン ザ ロック

度数 30度

テイスト 甘口 ● 辛口

ウォッカ

007はシェイク
本書のおすすめは
ステア＆ロック

技法 **ステア**

Recipe

ウォッカ ……………………… 3/4
ドライベルモット …………… 1/4
オリーブ ……………………… 1個
ピール用レモン

◎ウォッカとベルモットをステアし、氷を入れたグラスに注ぐ。オリーブを飾り、レモンピールする。

　「マティーニ」（P.61）のベースをウォッカに替えると、「ウォッカ・マティーニ」（別名ウォッカティーニ、カンガルー）となる。無論そのままカクテルグラスで飲んでもいいが、少し時間をかけてゆっくり飲みたいときなどは、オン・ザ・ロックにするといい。

　ウォッカ・マティーニといえば、映画『007』の主人公ジェームズ・ボンドの「ステアではなくシェイクで」という台詞が有名だが、ステアとシェイク、どちらが美味かはぜひご自分でお試しあれ。近年は、2006年公開の『007カジノ・ロワイヤル』に登場した、ジン4/6、ウォッカ1/6、リレ・ブラン1/6をシェイクする「ジェームズ・ボンド・マティーニ」も人気だ。

度数	
30度	*M-30 Rain*
テイスト	☆ **M-30 レイン**
甘口 ● 辛口	

ウォッカ

坂本龍一氏に
プレゼントされた
雨色のカクテル

技法 シェイク

Recipe

ウォッカ	4/6
パンペルムーゼ	1/6
ライムジュース	1/6
ブルーキュラソー	1/2tsp

◎材料をシェイクし、カクテルグラスに注ぐ。

　1988年、監修者・上田氏が、作曲家・坂本龍一氏に贈ったオリジナルカクテル。坂本氏が出演し、音楽監督を務めた映画『ラストエンペラー』の挿入歌全44曲の中で、坂本氏自身が最も好きだという30番目の曲「レイン」をテーマに創られたものだ。M-30の「M」は、ミュージックナンバーの意味である。
　グレープフルーツのリキュールであるパンペルムーゼを少量使うことで、さっぱりとした味わいの中にかすかなほろ苦さが生まれ、涙雨を思わせる色合いに非常にマッチしている。上田氏は「坂本さんはもう覚えていないんじゃないかな」と笑うが、今やスタンダードと言えるほど知名度のあるカクテルとなっている。

Kamikaze
カミカゼ

ウォッカ

度数 **30度**

テイスト 甘口 ●—— 辛口

シャープでドライ アメリカ生まれの 人気カクテル

技法 **シェイク**

Recipe

ウォッカ	4/6
ホワイトキュラソー	1/6
ライムジュース	1/6

◎材料をシェイクし、氷を入れたグラスに注ぐ。

　キュラソーの香味とライムの酸味が効いて、すっきりとシャープな飲み口。アルコール度数やや高めの辛口カクテルだが、氷入りでゆっくり飲めるためか、男女を問わず人気の高い一杯である。

　カミカゼとは、旧日本海軍の「神風特別攻撃隊」のこと。外国でも「Tokko（トッコウ）」、「Kamikaze（カミカゼ）」と言えば、命を賭して体当たり攻撃を行うことだと通じるほど有名な部隊だ。このカクテルが生まれたのは太平洋戦争末期のアメリカ、あるいは米軍占領下の横須賀基地であるとされ、キレのある鋭い味を神風特攻隊に重ねて命名されたようだが、ネーミングのセンスは好みが分かれるところだろう。

度数 **15度**

テイスト 甘口 ●——— 辛口

ガルフ ストリーム
Gulf Stream

ウォッカ

フルーティーで ジューシー！ 南国気分の一杯

技法 シェイク

Recipe

ウォッカ	15ml
ピーチリキュール	15ml
ブルーキュラソー	1tsp
グレープフルーツジュース	20ml
パイナップルジュース	5ml

◎材料をシェイクし、氷を入れたグラスに注ぐ。

　ややグリーンがかったブルーが美しく、一見クールな印象を与える見た目だが、味も香りも実にスウィーティー。ピーチリキュールとグレープフルーツジュース、パイナップルジュースがよくマッチし、南国の未知の果実を頬張っているかのように、華やかでジューシーな味わいが口中に広がる。

　ガルフ・ストリームは英語で「メキシコ湾流」を意味し、この海流の通り道であるカリブ海あたりをイメージして創られたカクテルと考えられる。エメラルドグリーンの色合い、柑橘系の爽やかな香り、ほの甘くフルーティーな味わいは、まさに南の海のリゾートにぴったりだ。

Cosmopolitan
コスモポリタン

度数
27度

テイスト
甘口 ●───○ 辛口

ウォッカ

あの4人組が愛飲 ガールズトークの お供にいかが?

技法 **シェイク**

Recipe

ウォッカ	3/6
ホワイトキュラソー	1/6
ライムジュース	1/6
クランベリージュース	1/6

◎材料をシェイクし、カクテルグラスに注ぐ。

　1998年から2004年にかけて全米で放送された大ヒットドラマ『セックス・アンド・ザ・シティ(SATC)』で、主人公の女性4人がしょっちゅう飲んでいたのがこのカクテル。日本でも2000年から放送が始まるや女性たちの話題をさらい、同時に「コスモポリタン」の知名度も急上昇。人気カクテルとなった。

　可愛らしいピンク色もクランベリーの甘酸っぱい味も、ガールズトークには確かにぴったり。なおSATCを、女たちがあけすけな話をする下品な番組と思い込んでいる男性も多いようだが、このドラマがウケたのは女の友情物語だからである。男性もぜひ偏見を排して、コスモポリタン片手に見直してみては?

度数
34度

テイスト
甘口 ●—○ 辛口

God-Mother
ゴッドマザー

ウォッカ

アマレットの芳醇な風味を楽しむ強めの一杯

技法 **ビルド**

Recipe

ウォッカ	45ml
アマレット	15ml

◎グラスに氷を入れて材料を注ぎ、軽くステアする。

　ウイスキーベース「ゴッドファーザー」(P.24)のバリエーション。クセのないほぼ無臭のウォッカをベースに使うことで、ゴッドファーザーよりもアマレットの風味が立ち、ほのかな甘さが滑らかな口当たりを生み出している。ただし、アルコール度数は高め。飲み過ぎには気をつけたい。

　ベースをブランデーに替えると、「フレンチ・コネクション」(P.54)になる。杏の核から造られ、アーモンドの風味をもつアマレットは、ウイスキーやブランデー、各種スピリッツはもちろん、ジュースやミルクなどとも相性のいい懐の深いリキュール。どんな相手も優しく包み込む点、"母親"的と言えるかもしれない。

Sea Breeze
シー ブリーズ

度数 **12度**

テイスト 甘口 ─●─ 辛口

ウォッカ

優しいピンク色は
心地よい潮風が吹く
海辺の夕景のよう

技法 **シェイク**

Recipe

ウォッカ	30ml
グレープフルーツジュース	30ml
クランベリージュース	30ml

◎材料をシェイクし、氷を入れたグラスに注ぐ。

　シー・ブリーズは「潮風」の意味。いかにも夏らしい名前で、口当たりも爽やか。海辺やプールサイドでのどを潤すのにぴったりだが、もちろん四季を問わずいつ飲んでも美味しい。ジュースたっぷりでアルコール度数控えめ、万人に好まれる飲みやすい味わいなので、お酒に弱い人やカクテル初心者にもおすすめだ。まったくアルコールを飲めない人は、ウォッカを抜いた「バージン・ブリーズ」(P.168)をどうぞ。

　ウォッカ＋クランベリージュースは、相性抜群で近年流行の組み合わせ。氷を入れたグラスにウォッカ45mlを注ぎ、クランベリージュースで満たす「ケープ・コッダー」や「コスモポリタン」(P.88)も人気だ。

スクリュードライバー

Screwdriver

度数 10度
テイスト 甘口 ●—— 辛口

ウォッカ

口当たりのよさで レディ・キラー と呼ばれた一杯

技法 ビルド

Recipe

ウォッカ ……………… 45ml
オレンジジュース ……… 適量

◎氷を入れたグラスにウォッカを注ぎ、冷えたオレンジジュースで満たして軽くステアする。

　無味無臭に近いウォッカは、オレンジジュースで割るとアルコールをあまり感じなくなり、お酒に弱い女性はその飲みやすさに騙されて、気がついたときにはすっかり酔ってしまっている…と言われ、「レディ・キラー」の別名で有名になった。が、この話はあまりに広く知られており、今どきこのカクテルで女性を酔わそうとするなんて時代遅れもいいところだ。

　スクリュードライバーに、バニラの香りのするリキュール、ガリアーノを2dashes加えると「ハーベイ・ウォールバンガー」となる。さほど知名度は高くないのでレディ・キラー効果を狙えるかもしれないが、女性を口説くときは酒の力に頼らず実力で勝負を！

Sledge Hammer
スレッジ ハンマー

度数 **30度**

テイスト 甘口 ●━━ 辛口

ウォッカ

大きなハンマーでガツンとやられる辛口強めカクテル

技法 **シェイク**

Recipe

ウォッカ	3/4
ライムジュース（コーディアル）	1/4

◎材料をシェイクし、カクテルグラスに注ぐ。

　「ギムレット」（P.63）のベースをウォッカに替えるとこのカクテルになる。別名「ウォッカ・ギムレット」。スレッジ・ハンマーは「両手で扱う大きなハンマー」を指し、転じて「強力」といった意味にも使われる。コーディアルのライムジュースによるかすかな甘みはあるものの、キリッと辛口でアルコール度数も高く、確かにパンチの効いた強力なカクテルである。ゆっくり味わいたい場合は、オン・ザ・ロックやハイボールにしてもいいだろう。

　ギムレット同様、コーディアルを使わずにフレッシュのライムジュースで作り、シュガーシロップで甘みを加えても美味しい。

度数 **12度**

テイスト 甘口 ●――― 辛口

ソルティドッグ
Salty Dog

ウォッカ

スノースタイルとグレープフルーツ絶妙の取り合わせ

技法 ビルド

Recipe

ウォッカ	45ml
グレープフルーツジュース	適量
塩、レモン	適量

◎塩とレモンでグラスをスノースタイルにする。大きめの氷を1個入れてウォッカを注ぎ、グレープフルーツジュースで満たしてステアする。

　グラスの縁に施されたスノースタイルのしょっぱさと、グレープフルーツジュースの爽やかなアロマ、甘酸っぱい味わいがウォッカによく合い、不動の人気を獲得しているスタンダードカクテル。イギリスで生まれた当初はベースにジンを使い、「ソルティ・ドッグ・コリンズ」の名で呼ばれていたというが、その後ウォッカベースが主流となり、1960年代のアメリカで大流行、日本でも人気カクテルとなった。

　ソルティ・ドッグを直訳すると「しょっぱい犬」だが、これはスラングで「船の甲板員」を指す。スノースタイルなしで作ると、「ブルドッグ」（別名テールレス・ドッグ、グレイハウンド）と呼ばれる。

Balalaika
バラライカ

度数 **30度**

テイスト 甘口 ●辛口

ウォッカ

クリアな飲み口
サイドカーの
バリエーション

技法 シェイク

Recipe

ウォッカ	2/4
ホワイトキュラソー	1/4
レモンジュース	1/4

◎材料をシェイクし、カクテルグラスに注ぐ。

　バラライカとは、ギターに似たロシアの代表的な弦楽器の名前。ウォッカといえばロシア、という単純な理由から付けられたカクテル名だとされる。柔らかく白濁した色合いが可憐な、すっきり味の一杯だ。「サイドカー」(P.41)のバリエーションとされ、別名「ウォッカ・サイドカー」。ラムベースの「エックス・ワイ・ジー」(P.102)、ジンベースの「ホワイト・レディ」(P.79)など、ベース違いの傑作カクテルも多い、スタンダードなレシピだ。カクテルはレシピがシンプルなほど作り手によって味わいが異なり、その千差万別の甘酸味のバランスを知るのも楽しみの一つ。どのバーの味が好みか、いろいろ試してみよう。

ブラック ルシアン
Black Russian

度数 **32度**

テイスト 甘口 ●─── 辛口

ウォッカ

スイートな
コーヒーテイスト
アフターディナーに

技法 **ビルド**

Recipe

ウォッカ ･･････････････････ 45ml
コーヒーリキュール（カルア） ･･･ 15ml

◎角氷を2〜3個入れたグラスに材料を注ぎ、ステアする。

　ウォッカにクセがないため、コーヒーリキュールの甘い風味をストレートに楽しめるが、アルコール度数は高い。口当たりの優しさに惑わされて、飲み過ぎないようにご注意。

　ウォッカをテキーラに替えると「ブレイブ・ブル」、ブランデーに替えると「ダーティー・マザー」（P.45）となる。また、ブラック・ルシアンに生クリームをトッピングすると「ホワイト・ルシアン」と呼ばれ、さらにデザート感を増した一杯となる。似た名前の「ルシアン」は、ウォッカ1/3、ドライジン1/3、クレームドカカオ1/3をシェイクしてカクテルグラスに注ぐもので、少々系統の異なるカクテルだ。

ブラッディ メアリー
Bloody Mary

ウォッカ

度数 12度

テイスト 甘口／辛口

恐ろしい名前だが トマトたっぷりで ヘルシー系の一杯

技法 **ビルド**

Recipe

ウォッカ ……………………… 45ml
トマトジュース ……………… 適量
ウスターソース、タバスコ、塩、胡椒
……………………………………… 適宜

◎グラスに大きめの氷を1個入れてウォッカを注ぎ、トマトジュースで満たす。好みのスパイスを加え、マドラーでステアする。

　この恐ろしげな名前は、16世紀半ばの英国女王・メアリー1世に由来するという。カトリック復興のためにプロテスタントを多数迫害した女王は、「血塗られたメアリー」と呼ばれていたとか。トマトジュースの色は確かに強烈だが、何もそんな名前を付けなくても…と思ってしまうエピソードである。

　テキーラベースの「ストロー・ハット」(P.121)、ビールベースの「レッド・アイ」(P.163)、ジンベースの「ブラッディ・サム」など、トマトジュースで割ったカクテルは多数あるが、トマトの味を最もストレートに楽しめるのは、このブラッディ・メアリーだ。各種スパイスで好みの味に調整しながら飲もう。

度数
14度

テイスト
甘口 ●—— 辛口

Moscow Mule
モスコー ミュール

ウォッカ

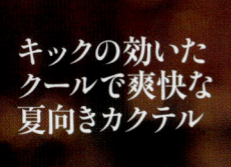

**キックの効いた
クールで爽快な
夏向きカクテル**

技法 ビルド

Recipe

ウォッカ	45ml
ライムジュース	15ml
ジンジャービアー	適量
ライム1/6カット	1個

◎タンブラーに氷2〜3個を入れ、ウォッカとライムジュースを注ぐ。ジンジャービアーで満たし、ステアする。ライムを飾る。

　モスコー・ミュールは「モスクワのラバ」のこと。ラバに蹴飛ばされるようなキックのあるドリンクという意味で、モスクワはこのカクテルの冷たさを表現したものだろう。名前に「クーラー」は付いていないが、「ボストン・クーラー」(P.112)などと同じ、クーラー系のカクテルに分類され、清涼感が身上だ。真夏に飲みたい爽快カクテルの一つである。

　バーによってはタンブラーで供されることも多いが、本式には銅製のマグカップを使うとされる。また、ジンジャービアーの代わりにジンジャーエールを使うレシピもあるが、あまり甘さのない銘柄を使ったほうが、本来の味により近くなるだろう。

Yukiguni
雪国

ウォッカ

度数 30度

テイスト 甘口 ●—— 辛口

春を待つ雪国に
想いを馳せ
静かに味わいたい

技法 **シェイク**

Recipe

ウォッカ	2/3
ホワイトキュラソー	1/3
ライムジュース(コーディアル)	2tsp
ミントチェリー	1個
砂糖	適量

◎カクテルグラスを砂糖でスノースタイルにする。材料をシェイクして注ぎ、ミントチェリーを沈める。

　1958年、サントリーの前身である寿屋主催のカクテルコンクールで第1位に入選した作品。半世紀にわたって人々に愛飲され、スタンダードカクテルとしての地位を揺るぎないものとしている。作者は山形県で喫茶店「ケルン」を営む井山計一氏で、80歳を超える2010年現在も現役のバーテンダーとして活躍中だ。
　誰にも好まれるさっぱりとした味わいだが、砂糖で施されたスノースタイルとキュラソーのほのかな甘みが優しい口当たりを生み出している。底に沈んだミントチェリーは、雪の下で春を待つ新芽のよう。カクテルグラスに表現された雪国の風景も堪能しながら、ゆったりとグラスを傾けよう。

ラム ベース
Rum base

ベース基礎知識

ラム ....[Rum]

　サトウキビから砂糖を造る際にできる糖蜜などの副産物を原料として造られる。ラム発祥の地は西インド諸島とされており、17世紀の初めにバルバドス島へ移民したイギリス人たちによって造り始められたという説が有名。この酒を、西インド諸島の先住民たちは「ラムバリオン（Rumbullion）」と呼んでいたそうで、頭文字を取って「ラム」と呼ばれるようになった、というのが語源の定説だ。ラムバリオンは、「興奮」「騒動」などの意味である。

ホワイトラム(ライトラム)

カクテルのベースに使われることが多いのは、ホワイトラムだ。ラムは色によって分類すると「ホワイト」「ゴールド」「ダーク」の3種類に分けられ、風味や芳香によると「ライト」「ミディアム」「ヘビー」と分けられる。ホワイトラムは、その分類どおり色は無色透明で、風味は軽く、まろやかな味わい。キューバやプエルトリコで多く造られ、代表的な銘柄はバカルディ、ハバナクラブなど。

ゴールドラム(ミディアムラム)

ホワイトとダークの中間的な色合いと、やはり中間的な味わいをもつ。両者のよいところを兼ね備えているとされ、人気の高いラムだ。南米ガイアナのデメララ川沿いで造られる「デメララ・ラム」、マルティニク島で造られる「マルティニク・ラム」などが有名。

ダークラム(ヘビーラム)

内側を焦がしたオークの樽で3年以上熟成されることにより、濃い色と強い風味をもつ。芳香を高めるため、蒸留の際にパイナップルの絞り汁やアカシアの樹液などを加えることもあるそうだ。ジャマイカが主な産地で、代表的な銘柄はマイヤーズ、コルバなど。ダークラムはストレートやロックで飲まれることが多いが、マイヤーズをコーラで割った「マイヤーズ・コーク」など、カクテルも人気が高い。

その他

香辛料やフルーツで香味を付けた「スパイスドラム」(フレーバードラム)もある。また、ラムと同じくサトウキビを原料とする蒸留酒に、ブラジル産の「カシャッサ」(ピンガ)、日本・奄美諸島産の黒糖焼酎などがある。

X.Y.Z.
エックス ワイ ジー

度数 30度

テイスト 甘口 ●—— 辛口

ラム

清楚な外見をもつサイドカーのバリエーション

技法 シェイク

Recipe

ホワイトラム	2/4
ホワイトキュラソー	1/4
レモンジュース	1/4

◎材料をシェイクし、カクテルグラスに注ぐ。

　名前はアルファベット最後の3文字。"これ以上はない"という意味とされるが、由来は不明。映画『野獣死すべし』では、松田優作演じる主人公がロシアンルーレットをしながらレシピをつぶやき、「これで終わりって酒だ!」と言って引き金をひくシーンがある。

　すっきりとした飲み口、清楚な外見は、シンプルなレシピゆえの"究極のカクテル"と言えるかもしれない。

　酒+ホワイトキュラソー+レモンジュースは、シェイクスタイルの基本形で、このレシピで作られるカクテルは「サイドカー」(ブランデーベース、P.41)のバリエーションとされる。ベースがジンなら「ホワイト・レディ」(P.79)、ウォッカなら「バラライカ」(P.94)だ。

カイピリーニャ
Caipirinha

度数 30度
テイスト 甘口 ●—— 辛口

ラム

田舎娘の魅力は
ライムの爽快感と
シュガーの甘み

技法 ビルド

Recipe

- **ホワイトラム** ………… 45ml
- **ライム** ………… 1/2～1個
- **シュガーシロップ** ………… 1～2tsp

◎ライムをぶつ切りにしてグラスに入れ、シュガーシロップを加えてよくつぶす。クラッシュドアイスを詰めてラムを注ぎ、ステアする。マドラーを添える。

　ブラジルで人気のカクテル。カイピリーニャとは、ポルトガル語で「田舎娘」「農村のお嬢さん」といった意味だそう。フレッシュライムの果汁たっぷりで外見も味も爽やかそのもの。砂糖の甘みも心地よく、暑さに疲れた身体に染みわたる夏向きのカクテルだ。

　レシピではホワイトラムとしているが、本来はブラジル産のカシャッサ（ピンガ）をベースに使う。ラムと同じサトウキビを原料とした蒸留酒で、一般的にはラムの仲間と分類されるが、ブラジルはスペインとの交易対立があったためか、カシャッサとラムを明確に区別しているという。「51」など幾つかの銘柄は日本でも比較的簡単に手に入る。

Carib
カリブ

度数 20度

テイスト 甘口〜辛口

ラム

カリブの楽園をイメージしたトロピカルカクテル

技法 シェイク

Recipe

ホワイトラム	3/6
パイナップルジュース	2/6
レモンジュース	1/6

◎材料をシェイクし、カクテルグラスに注ぐ。

　青い海、眩しい太陽、陽気な音楽、常夏の楽園…。カリブと聞いて思い浮かぶこんなイメージにぴったりのトロピカルなカクテル。ラムの芳香に甘酸っぱいパイナップルジュースがよく合い、レモンジュースの酸味がさっぱりとした後味を作り上げる。真夏はもちろん、寒い冬に夏を恋しく思いながら飲むのもいい。

　家でカクテルを楽しむなら、カリブ料理も用意してカリビアン・パーティーと洒落こんでみては。ジャマイカのジャークチキンは、市販のジャークシーズニングを使えば簡単に作れる。フルーツをふんだんに使ったトロピカルなサラダや、キューバのトロピカル・ライスなども並べて、リゾート気分で盛り上がろう。

キューバリバー
Cuba Libre

度数 **10度**

テイスト 甘口 ●—— 辛口

ラム

コーラで割るだけ 手軽に楽しめる シンプルレシピ

技法 **ビルド**

Recipe

ホワイトラム	45ml
ライム	1/2個
コーラ	適量

◎タンブラーに氷2〜3個を入れてライムを搾り、そのままグラスに入れる。ホワイトラムを注ぎ、コーラで満たしてマドラーを添える。

　キューバ（キュバ、クバ）・リブレと表記する店も多い。1902年、スペインの植民地だったキューバがアメリカの軍政を経て独立を達成した。この独立戦争の際のかけ声が「Viva Cuba Libre !」。自由キューバ万歳！の意だ。キューバの酒・ラムを、独立支援したアメリカのコーラで割ったこのカクテルは、キューバの自由の象徴とも言えるが、その後、アメリカの軍政下でキューバの庶民が苦しんだことを考えると、果たして自由の味なのかどうか…。

　ともあれ、ラムとコーラの相性は抜群で、ライムを効かせて飲むと実に美味しい。自宅でも簡単に作れる手軽なカクテルだ。

Coral
コーラル

ラム

度数 24度

テイスト 甘口 ●—— 辛口

> アプリコットと
> ラムの風味が
> 絶妙に混じり合う

技法 シェイク

Recipe

ホワイトラム	3/6
アプリコットブランデー	1/6
グレープフルーツジュース	1/6
レモンジュース	1/6

◎材料をシェイクし、カクテルグラスに注ぐ。

　珊瑚を英語で「コーラル」と言う。ラムにアプリコットブランデーの風味が溶け合い、グレープフルーツとレモンのジュースで甘酸っぱく爽やかに仕上げたこのカクテルは、その名にふさわしい南国の海を思わせる味がする。

　ネックレスや指輪などに使われる珊瑚の宝石言葉は、「幸福」「聡明」などだそうだ。海のパワーを秘めているとされ、お守りとして身につける女性も多いコーラル。同名のカクテルも、南国の海のように明るく元気な生命力と幸せを運んできてくれるかもしれない。前向きな気持ちがほしいとき、珊瑚のアクセサリーをまとってコーラルをオーダーしてみよう。

度数	
27度	*Daiquiri*

ダイキリ

テイスト
甘口 ●—— 辛口

ラム

キューバで誕生した
ラムベースの
代表的カクテル

技法 **シェイク**

Recipe

ホワイトラム	3/4
ライムジュース	1/4
シュガーシロップ	1tsp

◎材料をシェイクし、カクテルグラスに注ぐ。

　ダイキリとは、キューバにある鉱山の名前。19世紀後半、ダイキリ鉱山に派遣されたアメリカ人の鉱夫たちが暑さしのぎに作ったのが元祖とされ、鉱夫の一人だったジェニングス・S・コックスという人物が「ダイキリ・カクテル」と名付けたという。英語の発音に近付け、「ダイキュリ」と表記する店もある。

　シンプルなレシピだけに、バーによってかなり味わいが異なるのもこのカクテルの魅力の一つ。ライムジュースの代わりにレモンジュースが使われたり、シュガー多めで甘みを効かせたり。いずれにしても、酸味と甘みのバランスにどの店もこだわっている。飲み比べて、自分好みの一杯を見つけたい。

Frozen Daiquiri
フローズン ダイキリ

度数 15度

テイスト 甘口 ●―― 辛口

ラム

シャーベットのとろりとした食感でダイキリを味わう

技法 **ブレンド**

Recipe

ホワイトラム	45ml
ホワイトキュラソー	1tsp
ライムジュース	15ml
シュガーシロップ	1tsp
クラッシュドアイス	適量

◎材料をミキサーにかけてシャーベット状にし、シャンパングラスに注ぐ。短いストローを2本添える。

　キリッと冷やした「ダイキリ」(P.107)の爽快感を、さらに冷たいシャーベット状で楽しめるカクテル。シャーベットにせず、クラッシュドアイスをそのまま使うと、アメリカンスタイルと呼ばれる。またホワイトキュラソーではなく、マラスキーノを使用するレシピもある。

　ヘミングウェイが愛飲したことでよく知られているが、ヘミングウェイ流のレシピはラムをダブルにし、砂糖はなし、グレープフルーツジュースを少々入れる。スタンダードレシピとはずいぶん異なるカクテルだ。

　J.D.サリンジャー『ライ麦畑でつかまえて』の主人公、17歳のホールデンがいちばん好きな酒もフローズン・ダイキリである。

度数 15度	Frozen Strawberry Daiquiri
	フローズン ストロベリー ダイキリ

テイスト
甘口 ●━━━ 辛口

ラム

ストロベリーの甘さと色をダイキリにプラス

技法 ブレンド

Recipe

ホワイトラム	30ml
ストロベリーリキュール	10ml
ライムジュース	10ml
イチゴ	2個
クラッシュドアイス	適量

◎イチゴはさいの目切りし、材料をミキサーにかける。グラスに移し、短いストロー2本を添える。

　「ダイキリ」も「フローズン・ダイキリ」(前ページ)も、ほんのりと甘みはあるもののどちらかといえばキリッとした辛口。ここにストロベリーリキュールと生イチゴを加えると、途端に味も外見もスイートなカクテルになる。フローズンカクテルは海辺やプールサイドなど暑い夏に似合うが、ストロベリーに限っては、クリスマス頃の冬景色にもよく映えるのではないだろうか。

　ダイキリ+フルーツは相性がよく、ストロベリー以外でも応用は可能。自宅で作るなら、メロン、バナナ、パイナップル、ピーチなど、リキュールと旬のフルーツを組み合わせて、さまざまなフローズン・ダイキリを試してみては。

Nevada
ネバダ

度数 **22度**

テイスト 甘口 ●—— 辛口

ラム

酸味の効いた のど越し爽快な ショートドリンク

技法 **シェイク**

Recipe

ホワイトラム	3/5
ライムジュース	1/5
グレープフルーツジュース	1/5
シュガーシロップ	1tsp
アロマチックビターズ	1dash

◎材料をシェイクし、カクテルグラスに注ぐ。

　アメリカ西部、ネバダ州の名前が付けられたカクテル。カジノとエンターテインメントの都・ラスベガスがあることで知られる州だが、面積の大半を砂漠地帯が占め、降雨量も少なく、アメリカで最も乾燥した地域である。しかし、このカクテルにネバダの名が冠されている理由は不明。発祥の地なのか、砂漠の乾燥地帯でのどを潤すのにふさわしい飲み物だからか、はたまたネバダにはスペイン語で"雪の積もった"という意味があるそうだから、雪のイメージなのか。
　いずれにしても、ジュースの酸味とアロマチックビターズのほろ苦さがラムによくマッチして、すっきりと爽やかなのど越しを楽しめるカクテルだ。

Bacardi
バカルディ

度数 **27度**

テイスト 辛口

ラム

バカルディには バカルディラムの 使用が必須！

技法 **シェイク**

Recipe

- バカルディラム ……………… 3/4
- ライムジュース ……………… 1/4
- グレナデンシロップ ………… 1tsp

◎材料をシェイクし、カクテルグラスに注ぐ。

　1933年、バカルディ社が自社製ラムの販促用に、ダイキリをアレンジして考案したカクテル。ニューヨークのバーが他社製ラムで作ったバカルディを提供したことから裁判沙汰となり、1936年、最高裁が「バカルディには、バカルディラムを使用しなければならない」と判決を下したことはあまりにも有名。ヘミングウェイが愛飲していたダイキリに使われていたのもバカルディラムだ。

　ダイキリとの違いは、グレナデンシロップを使うために薄ピンク色に仕上がる点。バカルディ社以外のラムを使った場合には「ピンク・ダイキリ」と呼ぶ。美しい色合いを愛でながら味わいたい。

ボストン クーラー
Boston Cooler

ラム

度数 **10度**

テイスト 甘口 ●―― 辛口

ロングドリンクの定番カクテル
暑い夏におすすめ

技法 シェイク

Recipe

ホワイトラム	45ml
レモンジュース	15ml
シュガーシロップ	1tsp
ジンジャーエール	適量

◎ジンジャーエールを除く材料をシェイクし、タンブラーに注ぐ。氷を加えてジンジャーエールで満たし、軽くステアする。

　アメリカ北東部、マサチューセッツ州の州都であるボストンは、アメリカの歴史においてイギリス植民地支配からの独立に大きな役割を果たした街。古い建造物と近代的な高層ビル群とが混在する活気あふれる大都市で、観光地としての人気も高い。ハーバード大学など多数の学校が集まる学園都市としても有名だ。

　都市の名前を冠したカクテルは、シティカクテルと呼ばれ、ボストン・クーラーはその代表格の一つ。また、カクテルの作り方で分類される「クーラー」ものの代表格でもあり、清涼感のある飲みやすい味が多くの人に好まれている。

度数 **15度**

テイスト 甘口 ●—— 辛口

Hot Buttered Rum
ホットバタードラム

ラム

ゴールドラムと
バターのコク
甘く濃厚な味わい

技法 **ビルド**

Recipe

ゴールドラム	45ml
角砂糖	1個
湯	適量
バター	1〜2片
シナモンスティック	1本

◎ホルダー付きタンブラーにラムを注ぎ、角砂糖を入れる。7分目までお湯で満たし、バターを浮かべる。シナモンスティックでステアする。

　寒い冬、風邪をひきそうなときに飲みたいホットドリンク。ジャマイカ産ゴールドラムの濃厚な風味にバターのコクと角砂糖の甘みが溶け込み、何とも滋養たっぷり。身体の芯から温まり、ほのかに香るシナモンに元気づけられる。寝酒に飲めば、ぐっすりとよく眠れそうだ。

　お湯の代わりに温めた牛乳を使うと「ホット・バタード・ラム・カウ」となり、さらに栄養豊富な一杯となる。自宅で作るなら、熱いコーヒーを使うなど、好みに応じてアレンジしてみるのもいいだろう。ただし、風邪ひきにお酒の飲み過ぎは禁物。美味しい一杯で温まったら、すぐに休んで明日に備えよう。

Mojito
モヒート

度数 27度

テイスト 甘口 ――●―― 辛口

ラム

爽やかな魔法？
口中に広がる
ミントの清涼感

技法 ビルド

Recipe

ホワイトラム	45ml
ライム	1/2個
シュガーシロップ	1tsp
ミントの葉	6～7枚
ソーダ	適量

◎ライムをそのままグラスに沈め、ミントの葉とシュガーシロップを加えて軽くつぶす。クラッシュドアイスを詰めてラムを注ぎ、ソーダで満たす。別のミントの葉を飾る。

　16世紀後半、海賊フランシス・ドレイクの手下たちがキューバの人々に「ドラケ」というカクテルを伝えたのがモヒートの始まりとされている。ドラケはラムの前身といえるアクアルディエンテを使ったものだったが、バカルディラムの誕生後、ベースを替えて作られるようになり、次第に「モヒート」の名で呼ばれるようになったという。魔法、魔術などの意味をもつブードゥー教の"MOJO"という言葉に由来するが、MOJOは"麻薬の虜になる"といった意味にも使われるそうだ。確かにこのカクテル、ほのかな甘みの中にミントの清涼感が広がり、飲むほどに虜になってしまう魅力を秘めている。

テキーラ ベース
Tequila base

ベース基礎知識

テキーラ ……………… [Tequila]

　メキシコを代表する酒。長らく原産国でのみ消費されてきたが、1968年のメキシコオリンピックを機に世界中に知られるようになった。アガベ・アスール・テキラーナという竜舌蘭（マゲイ）の1種を原料とするが、テキーラの名が冠されるのはハリスコ州、ナヤリット州、ミチョアカン州、グアナファト州、タマウリパス州の5つの州で蒸留された製品のみ。その他の地域で造られたものは「メスカル」と呼ばれる。

製造方法、代表的な銘柄等

　8〜10年ほど育ったアガベ・アスール・テキラーナの球根を蒸して粉砕し、糖汁を取り出して発酵、単式蒸留機で2回蒸留する。この後、樽熟成をするものとしないものに分けられ、製品化される。

　カクテルの材料に使われる無色透明のホワイトテキーラは「ブランコ」と呼ばれ、樽熟成をせずにステンレスタンクでの短期間の貯蔵後に瓶詰めされたものだ。テキーラ本来のシャープな飲み口を楽しめる。オークの樽で2カ月以上熟成されると「レポサド」、1年以上熟成されると「アネホ」、3年以上熟成されると「エキストラ・アネホ」となる。樽の香りが移り円熟味を増したテキーラは、ブランコとはまた違った魅力がある。ストレートやロックで味わいたい。

　なおテキーラには、原料のアガベ・アスール・テキラーナを100％使用した製品と、51％以上のアガベ・アスール・テキラーナに廃糖蜜由来の他の酒などをミックスした製品とがある。ラベルに「Silver」「Gold」などが記載されているのは、ミックスの製品だ。Gold はプレミアムテキーラとされていることもあるが、ブランコの Silver にカラメルで着色しただけの製品も多い。アガベ・アスール・テキラーナ100％の製品は、ラベルに必ず「100% Agave」の表示がある。

　代表的な銘柄は、オルメカ、サウサ、クエルボなど。

その他

　瓶に唐辛子や虫などが入れられた製品を見かけることがあるが、これはテキーラではなく、メスカル。竜舌蘭に寄生する赤い芋虫を漬け込んだ「グサノ・ロホ」が有名だ。メキシコではメスカルやテキーラを、レモンかライムを絞り、塩を舐め、ストレートで流し込む、という飲み方をよくするが、このときに使われる塩にもともとはこの赤い芋虫を乾燥させた粉がブレンドされていた。しかし最近は、塩にチリパウダーを混ぜたり、ピンク色の岩塩を使用するなどして代用することが多いという。

Ice-Breaker
アイスブレイカー

度数 **20度**

テイスト 甘口 ●―― 辛口

テキーラ

淡いピンク色の爽やかなロングドリンク

技法 **シェイク**

Recipe

テキーラ	2/5
ホワイトキュラソー	1/5
グレープフルーツジュース	2/5
グレナデンシロップ	1tsp

◎材料をシェイクし、氷を入れたグラスに注ぐ。

　メキシコの酒・テキーラは、フルーツジュースとの相性がいい。グレープフルーツジュースと、オレンジの香りが効いたホワイトキュラソーを使ったこのカクテルは、ほのかに甘く、爽やかなのど越しで、アルコールにあまり強くない人でも飲みやすい。ただし、度数はさほど低くないので気をつけて。

　アイスブレイカーとは、「氷を砕くもの」「砕氷船」の意味。転じて「緊張を解きほぐす」という意味にも使われるそうだ。暑い夏、仕事で疲れた身体をゆるめるのにぴったりのカクテルではないだろうか。

　可愛らしい淡いピンク色は女性にもおすすめ。服の色に合わせてオーダーするのも洒落ている。

度数	
30度	

テイスト
甘口 ●—— 辛口

Aqua Marine
☆ アクア マリーン

テキーラ

海を思わせる
ブルーが印象的な
オリジナルカクテル

技法 **シェイク**

Recipe

テキーラ	4/6
パンペルムーゼ	1/6
ライムジュース	1/6
ブルーキュラソー	1tsp

◎材料をシェイクし、カクテルグラスに注ぐ。

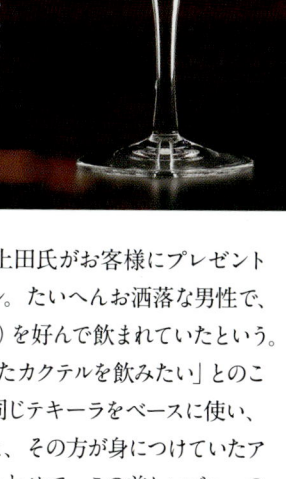

　1983年、監修者・上田氏がお客様にプレゼントしたオリジナルカクテル。たいへんお洒落な男性で、「マルガリータ」(P.126) を好んで飲まれていたという。ある日、「たまには違ったカクテルを飲みたい」とのことで、マルガリータと同じテキーラをベースに使い、海が好きであるとの話と、その方が身につけていたアクアマリンの指輪とに合わせて、この美しいブルーのカクテルを創作したのだそうだ。

　パンペルムーゼは、グレープフルーツのリキュール。みずみずしい香りとほのかな甘みをカクテルに加えている。さらにライムジュースが入ることで飲み口を爽やかにしているが、アルコール度数はやや高め。

エル ディアブロ
El Diablo

度数 12度

テイスト 甘口 ●─ 辛口

テキーラ

悪魔の血の色？
テキーラ＆カシスは絶妙の取り合わせ

技法 **ビルド**

Recipe

テキーラ	45ml
クレームドカシス	15ml
レモンジュース	10ml
ジンジャーエール	適量

◎グラスに氷を入れ、テキーラとクレームドカシス、レモンジュースを注ぐ。冷えたジンジャーエールで満たして軽くステアする。

　エル・ディアブロとは「悪魔」の意味。悪魔の血の色に似ているからという説があるようだが、悪魔にはこのように透き通った美しい赤色の血が流れているのだろうか？

　味もいたって爽やか。テキーラの風味とカシスの甘み、レモンジュースの酸味が混ざり合うことで複雑かつ魅惑的な味わいを生み出し、ジンジャーエールが飲みやすくまとめ上げている。思わずのどを鳴らしてゴクゴクと飲み干してしまいそうな爽快感は、「悪魔」的な美味しさ、と言えるかもしれない。

　レモンジュースの代わりに、生ライム1/2個を絞り入れるレシピもある。

度数	
10度	*Straw Hat*

ストロー ハット

テイスト
甘口 ●—— 辛口

`テキーラ`

テキーラ&トマトは
暑い陽射しを
さえぎる麦わら帽子

技法 **ビルド**

Recipe

テキーラ	45ml
トマトジュース	適量
レモン	1/6cut

◎グラスに氷を入れてテキーラを注ぎ、冷えたトマトジュースで満たしてレモンを飾る。

　ストロー・ハットは「麦わら帽子」のこと。メキシコの眩しい陽射しを想像させる名前である。添えられたレモンを搾ったり、塩や胡椒、タバスコなどの調味料を好みで混ぜて楽しもう。バーによってはマドラー代わりにセロリスティックが添えられることもあり、このセロリはもちろん食べて構わない。

　テキーラをウォッカに替えれば「ブラッディ・メアリー」(P.96)、ジンに替えれば「ブラッディ・サム」となる。さらにビール&トマトジュースの「レッド・アイ」(P.163)など、トマトジュースを使ったカクテルは数多く、自宅でも気軽に作れる。ジュースや調味料をさまざま試し、自分だけの一杯を見つけたい。

テキーラ サンセット
Tequila Sunset

度数 **10度**

テイスト 甘口 ●—— 辛口

`テキーラ`

沈みゆく太陽の色に染められたフローズンカクテル

技法 ブレンド

Recipe

- **テキーラ** ………………… 30ml
- **レモンジュース** …………… 30ml
- **グレナデンシロップ** ………… 1tsp
- **クラッシュドアイス** …………… 適量
- **レモンスライス** ……………… 1枚

◎レモンスライスを除く材料をミキサーに入れてシャーベット状にし、グラスに移す。レモンを飾り、短いストロー2本を添える。

　次ページの「テキーラ・サンライズ」と対を成すような名前のこのカクテルは、メキシコの夕焼けをイメージしたピンク色のフローズンカクテル。シャーベット状の氷は、落日に染められた雲のようにも見える。

　外見はロマンチックだが、テキーラと同量のレモンジュースの酸味がよく効いて、夏の疲れた身体にシャキッと気合いが入るさっぱりとした味である。まだ日が落ちきらない仕事帰りの一杯目、待ち合わせたバーで相手を待ちながらなど、やはり夏の夕暮れに飲みたいカクテルだ。

　度数は低めなので、アルコールにあまり強くない人にもおすすめである。

Tequila Sunrise

テキーラ サンライズ

度数 **11度**

テイスト 甘口 ●――― 辛口

テキーラ

燃えるような
メキシコの朝焼けを
グラスに再現

技法 ビルド

Recipe

テキーラ	30ml
オレンジジュース	60ml
グレナデンシロップ	2tsp

◎氷を入れたグラスにテキーラとオレンジジュースを注ぎ、底に沈むようにグレナデンシロップを入れてステアする。

　グラスの底から立ちのぼるオレンジのグラデーションが実に美しいカクテル。沈むように入れたグレナデンシロップが太陽となり、オレンジジュースが朝日に染まった空を表現している。

　このカクテルが広く知られるようになったのは、1972年、ローリング・ストーンズのボーカリスト、ミック・ジャガーがメキシコツアーの際に愛飲したこと、また73年にイーグルスのセカンドアルバム『ならず者』にカクテルと同名の曲が収められたことでだとか。

　88年には、メル・ギブソン主演映画のタイトルにもなっている。カリフォルニアを舞台とした大人のサスペンスロマンス、カクテル片手に鑑賞してみては。

フレンチ カクタス
French Cactus

度数 36度

テイスト: 甘口 ——●—— 辛口

テキーラ

メキシコ+フランス 異国との出会いで 飲み口まろやか

技法 ビルド

Recipe

テキーラ	40ml
ホワイトキュラソー	20ml

◎氷を入れたグラスに材料を注ぎ、ステアする。

　カクタスとは「サボテン」のこと。「フランスのサボテン」と名付けられたこのカクテルは、メキシコ産テキーラにフランス産ホワイトキュラソーを混ぜた、シンプルな一杯。テキーラ独特のクセがホワイトキュラソーの香味と甘みで適度に中和され、口当たりよくまろやかな味わいを楽しむことができる。ただし、酒+酒のカクテルだから、当然アルコール度数は高い。

　なお、カクテルにサボテンの名が付いていてややこしいが、テキーラの原料はサボテンではなく竜舌蘭という常緑草。カクタス（サボテン）とは別種であり、約300種ある竜舌蘭の中でもアガベ・アスール・テキラーナから造られたものだけがテキーラと呼ばれる。

Matador
マタドール

度数 **12度**

テイスト 甘口 ●―― 辛口

テキーラ

闘牛士の
情熱を秘めた
蠱惑的カクテル

技法 **シェイク**

Recipe

テキーラ	2/6
パイナップルジュース	3/6
ライムジュース	1/6

◎材料をシェイクし、氷を入れたグラスに注ぐ。

　マタドールとは「闘牛士」の意味。闘牛士の中でも最後に牛にとどめを刺す正闘牛士のみがマタドールの称号を得られる。闘牛といえば、国技としているスペインのイメージが強いが、スペイン統治の長かったメキシコでも人気の高いスポーツで、メキシコシティには2つの闘牛場がある。その一つ「プラザ・デ・メヒコ」は世界最大規模で、収容人数は約5万人。

　牛と命がけの闘いをするマタドール、その名が付けられたカクテルとはどんなに荒々しい味がするのかと思うが、パイナップルジュースの甘みと酸味が効いた、フルーティーな飲み口である。しかし、この心地よい味の底に、闘牛士の情熱を秘めている…かも。

Margarita
マルガリータ

度数 **30度**

テイスト 甘口 ●―― 辛口

テキーラ

1949年入賞作品
テキーラベースの
代表的カクテル

技法 **シェイク**

Recipe

テキーラ	2/4
ホワイトキュラソー	1/4
ライムジュース	1/4
塩、レモン	適量

◎塩とレモンでグラスをスノースタイルにする。その他の材料をシェイクし、グラスに注ぐ。

　テキーラの本場メキシコでは、レモンかライムを齧って塩を舐め、ストレートでテキーラを流し込むという飲み方がよく見られる。マルガリータは、このメキシコ流豪快飲みを、グラスに上品にまとめたレシピといえるかもしれない。

　1949年にロサンゼルスのバーテンダー、ジャン・ジュレッサー氏が「全米カクテルコンクール」に出品し、見事入賞した作品で、狩猟場の事故で亡くした若き日の恋人を偲び、彼女の名前を付けたのだとされている。考案者は別人なのではないかという説もあるが、スノースタイルの塩は涙を思わせ、すっきりとクールな口当たりは悲しい恋の物語によく似合う。

フローズン マルガリータ
Frozen Margarita

度数 **15度**
テイスト 甘口 ●―― 辛口

テキーラ

マルガリータの
バリエーション
カクテルの一つ

技法 **ブレンド**

Recipe

テキーラ	30ml
ホワイトキュラソー	15ml
ライムジュース	15ml
クラッシュドアイス	適量
塩、レモン	適量

◎塩とレモンでグラスをスノースタイルにする。その他の材料をミキサーに入れてシャーベット状にし、グラスに移す。

　その名のとおり、マルガリータのレシピにクラッシュドアイスを加えただけのフローズンカクテル。氷が加わる分、アルコール度数はぐっと下がり、暑い夏の昼下がりに海辺やプールサイドで味わうのにぴったりの涼しい一杯である。

　マルガリータにはバリエーションが多く、ホワイトキュラソーをブルーキュラソーに替えれば「ブルー・マルガリータ」、さらにクラッシュドアイスを加えれば「フローズン・ブルー・マルガリータ」となる。オレンジキュラソーに替えた場合は「ゴールデン・マルガリータ」だ。ストロベリーやメロンなどのリキュールを使っても美味しい。

Mockingbird
モッキンバード

度数 26度

テイスト 甘口 ●—— 辛口

テキーラ

小鳥のように軽やか ペパーミントの すっとした口当たり

技法 **シェイク**

Recipe

テキーラ	2/4
グリーンペパーミント	1/4
ライムジュース	1/4

◎材料をシェイクし、カクテルグラスに注ぐ。

　テキーラにペパーミントとライムが加わり、さっぱりと清々しい味わい。グラスに揺れるグリーンの色合いも美しく、目で舌で楽しめるカクテルだ。

　モッキンバードとは、他の鳥のさえずりや動物の鳴き声、ときには車や遮断機の音まで物まねする鳥の名前。和名「マネシツグミ」。メキシコなど北米大陸に広く生息し、可愛らしい姿が愛されている小鳥だが、発情期には昼夜を問わず鳴き続け、周辺住民を困らすことも多いとか。もっとも、このカクテルを飲むとマネシツグミのようにうるさく酔う…というわけではなく、メキシコ産のテキーラをベースに使うからメキシコ産の鳥の名を付けた、というだけのようである。

リキュール ベース
Liqueur base

ベース基礎知識

リキュール ……………… [Liqueur]

　蒸留酒に果実や花、ハーブなどで香味を付け、色素や糖類などを加えて製造した酒。古代ギリシャ時代、医聖と呼ばれたヒポクラテスがワインに薬草を溶かし込んだのが起源とされるが、現在、ワインをベースとするベルモットなどの酒はリキュールとは区別されている。蒸留酒をベースとするリキュールは13世紀頃から出現し、医師・錬金術師のアルノー・ド・ビルヌーブとラモン・ルルという人物が薬酒として造ったのが始まりとされている。

香草・薬草系

原初のリキュールは薬酒としての性格が強く、修道院で造られてきたシャルトリューズ、ベネディクティンなどは、その精神を受け継ぐ代表的なリキュールと言えるだろう。その他、ペパーミント類のリキュールや、スミレの花のバイオレットリキュール、緑茶のグリーンティーリキュールなども香草・薬草系と言える。また果実系や種子系のリキュールであっても、香草や薬草をアクセントに使用している例は多い。

果実系

オレンジの果皮を使用し、多くのカクテルの材料として欠かせないリキュールとなっているキュラソー類をはじめ、アプリコットブランデー、クレームドカシス、スロージン、ピーチリキュール、ライチリキュールなど、果実の果肉や果皮、果汁を使用したリキュールは数多い。

種子系

カカオ豆を使ったカカオリキュール、コーヒー豆を使ったコーヒーリキュールなどがある。アーモンドの風味をもつアマレットも、杏の核を使用する種子系のリキュールだ。

その他

卵やクリーム、ヨーグルトなどの乳化製品を使ったリキュールもある。アイリッシュウイスキーにクリームを加え、チョコレート、コーヒー、バニラなどで風味を付けた「ベイリーズ」、カカオとクリームを使用し濃厚なチョコレートの味を楽しめる「モーツァルト」などは、クリーム系リキュールの代表的な銘柄としてよく知られている。

なおリキュールは、個性的な風味に加え、色合いの美しさも特徴の一つ。17〜18世紀のフランスでは「液体の宝石」と呼ばれ、貴婦人たちの人気を博した。リキュールの色を、身に着けたドレスや宝石の色とコーディネイトして飲むスタイルが流行していたという。

Apricot Cooler
アプリコット クーラー

度数 **6度**

テイスト 甘口 ●—— 辛口

リキュール

杏の香りを
ソーダで包んで
爽やかに飲み干す

技法 シェイク

Recipe

アプリコットブランデー	45ml
レモンジュース	20ml
グレナデンシロップ	1tsp
ソーダ	適量

◎ソーダを除く材料をシェイクし、氷を入れたグラスに注ぐ。冷えたソーダで満たして軽くステアする。

　アプリコットブランデーは、杏の実を発酵させ、蒸留したスピリッツに砂糖などを加えて造る。アメリカ製のものは杏そのものの香味が強く、ヨーロッパ製のものはハーブなどの隠し味が効いている。ハンガリー地方で造られる「バラック・パリンカ」は、蒸留したものをそのまま樽貯蔵した本格アプリコットブランデー。また、杏を浸漬して造られるリキュールもアプリコットブランデーと呼ばれている。

　杏の甘い香りにレモンジュースの酸味を効かせて、グレナデンシロップで味の奥行きとほのかな色をプラス。そしてソーダで満たせば、甘酸っぱく爽やかなアプリコット・クーラーの出来上がりだ。

カルア ミルク
Kahlúa & Milk

度数 **6度**

テイスト 甘口 ●━━━ 辛口

リキュール

コーヒー味の定番カクテル
お酒に弱い人に

技法 ビルド

Recipe

- コーヒーリキュール（カルア）… 20ml
- 牛乳……………………………… 40ml

◎グラスに氷2〜3個を入れてカルアを注ぎ、牛乳で満たしてステアする。

　カクテルデビューはカルア・ミルクだった、という人も多いのでは。ちょっぴりアルコールの入ったミルクコーヒーといった味わいで、お酒に弱い人でも楽しめる定番カクテルだ。

　カルアの原料はアラビカ種のコーヒー豆。香り高くローストされた後、スピリッツに漬け込まれてリキュールが出来上がる。アルコール度数は20％。スタンダードレシピではアルコールが弱すぎると感じる場合には、牛乳を半量の20mlにしてもらうといいだろう。自宅で作るなら、好みの濃さに淹れたコーヒーを加えて甘みを抑えてもいい。インスタントコーヒーをそのまま振りかける、「ビター・カルア・ミルク」もおすすめ。

Campari Orange
カンパリ オレンジ

度数 6度

テイスト 甘口 ● 辛口

リキュール

色合いも美しい イタリア生まれの 人気カクテル

技法 ビルド

Recipe

カンパリ ……………………… 30～45ml
オレンジジュース ……………………… 適量

◎グラスに氷を入れてカンパリを注ぎ、オレンジジュースで満たしてステアする。

　さまざまなハーブやスパイスが使われているカンパリは、独特のほろ苦さが特徴。イタリア・ミラノ市でカフェを開いていたガスパーレ・カンパリ氏が開発し、1860年、「ビッテル・アリーソ・ドランディア（オランダ風苦味酒）」という名前で売り出したのが始まりだ。カフェのお客たちは、長い名前をもつこの酒を単に「カンパリの苦味酒（ビター・カンパリ）」と呼んでいたそうで、跡を継いだ息子・ダビデ氏の代には「カンパリ」が正式名称となった。

　カンパリのほろ苦さとオレンジジュースの爽やかな甘みは相性抜群。透き通った赤色にオレンジが混ざった色合いも美しく、イタリアの太陽のよう。

Campari Soda

カンパリソーダ

度数 **6度**

テイスト 甘口 ●━ 辛口

リキュール

カンパリ特有の爽やかな苦味をそのまま味わう

技法 ビルド

Recipe

- カンパリ ……………… 30〜45ml
- ソーダ ………………… 適量
- オレンジスライス ……… 1枚

◎グラスに氷を入れてカンパリを注ぎ、ソーダで満たしてステアする。オレンジを飾る。

　カンパリ・ソーダを考案したのは、カンパリ開発者の2代目・ダビデ氏である。白ワインをソーダで割る「スプリッツァー」(P.159)からヒントを得て、それまでストレートで飲まれることが多かったカンパリの新しい飲み方を広めたのだという。

　独特のほろ苦さとほのかな甘み、カンパリ特有の美味しさはそのままに、ソーダの清涼感とともに味わえる、世界中で人気のカクテルだ。カンパリを瓶ごとよく冷やしておくと、さらに美味しく作ることができる。

　だがカンパリは、ホットにしても実はなかなか美味しい。寒い冬場は、お湯で割ったカンパリに蜂蜜とレモンを入れるレシピを試してみて。

Grasshopper
グラスホッパー

度数 **16度**

リキュール

テイスト 甘口 ●━━ 辛口

デザート感覚で楽しみたいチョコミント味

技法 シェイク

Recipe

クレームドカカオ(白)	1/3
グリーンペパーミント	1/3
フレッシュクリーム	1/3

◎材料を強めにシェイクし、グラスに注ぐ。

　淡いペパーミントグリーンの色合いから、英語で「バッタ」を意味する名前が冠されている。チョコレートリキュールとも呼ばれるクレームドカカオとフレッシュクリームの甘くとろりとした食感の中に爽やかなミントの風味が広がり、チョコミントアイスを食べているような心地。食後にぴったりのカクテルだ。

　伊坂幸太郎氏の同名小説を思い出す人も多いだろうが、この作品にカクテルは登場しない。しかし、同氏の『魔王』にはグラスホッパーが出てくる。別の小説で同じ登場人物が現れたり、他作品のエピソードが挿入されたりと、小説間でリンクがあるのも同氏作品の魅力。カクテル片手に読書と洒落こむのもいい。

度数 **21度**
テイスト 甘口 ●―― 辛口

ゴールデン キャデラック
Golden Cadillac

リキュール

カカオ&バニラ
甘く濃厚で
贅沢な味わいを

技法 **シェイク**

Recipe

クレームドカカオ(白)	1/3
ガリアーノ	1/3
フレッシュクリーム	1/3

◎材料をシェイクし、カクテルグラスに注ぐ。

　「グラスホッパー」(前ページ)のグリーンペパーミントをガリアーノに替えるとこのカクテルになる。
　ガリアーノは、1896年にイタリアで生まれたリキュール。イタリア・エチオピア戦争で活躍したジュゼッペ・ガリアーノ将軍の名前にちなんで命名された。アニス(セリ科の一年草)、ミント、ラベンダー、ねずの実、バニラなど30種類以上のハーブを原料として造られ、美しい黄金色が特徴。バニラの香りが強く、アニスの風味が舌に残る芳醇なリキュールだ。
　ガリアーノにチョコレート味のカカオとフレッシュクリームが加わると、何とも贅沢で華やかな味わいになる。甘くとろりとした口当たりを楽しみたい。

St.Germain
サンジェルマン

度数 **20度**

テイスト 甘口 ●—— 辛口

リキュール

薬草リキュールの複雑な味わいをシェイク状で

技法 シェイク

Recipe

シャルトリューズ（ヴェール）	45ml
レモンジュース	20ml
グレープフルーツジュース	20ml
卵白	1個分

◎材料を強めにシェイクし、カクテルグラスに注ぐ。

　"リキュールの女王"とも呼ばれるシャルトリューズは、フランスのシャルトリューズ修道院で18世紀に生まれた。原料、製法は現在も公開されていない神秘のリキュールだが、百数十種類の薬草が使われているという。もともとは信者に対する医薬として造られ、不老不死の霊薬と言われていたそうだ。

　この複雑な味と香りをもつリキュールに、フルーツジュースの爽やかさを加え、卵白を入れてしっかりシェイクすると、ファストフード店でお馴染みのあのシェイクのように、まろやかな口当たりのカクテルが出来上がる。ちょっぴり不思議な味がする薬草風味シェイク、ぜひお試しあれ。

度数 **13度**

テイスト 甘口 ●——— 辛口

Chartreuse & Tonic
シャルトリューズ トニック

リキュール

ハーブの香りが口中に広がるライトカクテル

技法 ビルド

Recipe

シャルトリューズ (ヴェール)	30～45ml
トニックウォーター	適量
ライムスライス	1枚

◎グラスに氷を入れてシャルトリューズを注ぎ、冷えたトニックウォーターで満たして軽くステアする。ライムを飾る。

　比較的簡単に手に入るシャルトリューズには、緑色の「ヴェール」と黄色の「ジョーヌ」がある。ジョーヌは蜂蜜の甘味が強く、まろやかな味わいで、アルコール40度。ヴェールは甘味が抑えられ、薬草系ハーブのスパイシーな味と香りが強く、度数は55度だ。
　このカクテルにはヴェールを使う。トニックウォーターのほかには何も加えないので、ヴェールそのものの淡いグリーンが美しい。口に含むと、ハーブの香りがぱっと華やかに広がり、実に爽快感のある味わい。甘口が好みの人は、ジョーヌで作ってもいいだろう。
　シャルトリューズには消化促進など身体にいい効果があるというが、度数が高いので飲み過ぎには注意。

スプモーニ
Spumoni

度数 3度

テイスト 甘口 ─●─ 辛口

リキュール

ライトで手軽な爽やかドリンク食前酒にもいい

技法 ビルド

Recipe

カンパリ	20ml
グレープフルーツジュース	20ml
トニックウォーター	適量

◎グラスに氷を入れてカンパリとグレープフルーツジュースを注ぎ、トニックウォーターで満たして軽くステアする。

　イタリア生まれのロングドリンク。「カンパリ・オレンジ」(P.134)、「カンパリ・ソーダ」(P.135) と並んで人気の高いカクテルだ。スプモーニとは、イタリア語で「泡立つ」という意味。その名のとおり、カンパリとグレープフルーツ果汁がトニックウォーターの気泡に包まれて、爽やかな味わいをライト感覚に楽しめる。

　トニックウォーターの甘みと苦味、炭酸の強さはメーカーによって異なるので、好みの銘柄を見つけたい。ベースをライチリキュールの「ディタ」に替えると、「ディタモーニ」となる。なお、トニックウォーターを入れずにカンパリをグレープフルーツジュースだけで割った「カンパリ・グレープフルーツ」も美味しい。

度数 **15度**

テイスト 甘口 ●―― 辛口

Charlie Chaplin
チャーリー チャップリン

リキュール

リキュール2種の華やかで芳醇な味わいをミックス

技法 **シェイク**

Recipe

- **スロージン** ……………… 20ml
- **アプリコットブランデー** …… 20ml
- **レモンジュース** …………… 20ml

◎材料をシェイクし、氷を入れたグラスに注ぐ。

　スロージンは、プラムの一種であるスローベリー（西洋すもも）をスピリッツに漬け込んで造られるリキュール。スローベリーの甘酸っぱい味と華やかな香りが特徴だ。

　チャーリー・チャップリンは、スロージンとアプリコットブランデー、レモンジュースをすべて同量でシェイクする。すももと杏、2種のリキュールからなるフルーティーな甘さをレモンがきりりと引き締めて、心地よい余韻が残るカクテルだ。

　チャーリー・チャップリンの名は、もちろんあの喜劇王から。しかし、なぜこのカクテルにチャップリンの名が冠されたのかは不明。

チャイナ ブルー
China Blue

リキュール

度数 5度

テイスト 甘口 ●——— 辛口

ブルーが美しい女性に人気のライチカクテル

技法 ビルド

Recipe

- ライチリキュール ……………… 30ml
- グレープフルーツジュース ……… 適量
- ブルーキュラソー ………………… 1tsp

◎グラスに氷を入れて、ライチリキュールとグレープフルーツジュースを注ぎ、軽くステアし、ブルーキュラソーを底に沈むように入れる。

　ライチは楊貴妃がこよなく愛したことで知られる。上品な甘さとジューシーな食感を楽しめるフルーツで女性に人気があるが、栄養素の面でも女性にうれしい効果がいっぱい。赤血球の生成を助ける葉酸を豊富に含むことから貧血の予防になるとされ、美肌に欠かせないビタミンC、高血圧予防のカリウム、骨形成に関係するマンガンなども多く含んでいる。

　そんなライチから造られるリキュールとグレープフルーツジュースは相性抜群。スプモーニのページ（P.140）で紹介した「ディタモーニ」とよく似たレシピだが、こちらはブルーキュラソーが加わって色合いが実に美しく、味にも奥行きを与えている。

バイオレット フィズ
Violet Fizz

度数 **6度**

テイスト 甘口 ●——— 辛口

リキュール

妖艶な紫色から漂うスミレの香り 甘く独特な味わい

技法 **シェイク**

Recipe

バイオレットリキュール	45ml
レモンジュース	20ml
シュガーシロップ	1tsp
ソーダ	適量

◎ソーダを除く材料をシェイクして氷を入れたグラスに注ぎ、ソーダで満たして軽くステアする。

　バイオレットとは「スミレ」のこと。バイオレットリキュールはニオイスミレを原料とし、柑橘系果皮やアーモンド、バニラ、コリアンダー、クローブ、シナモンなどを配合して造られる。妖艶な紫色から立ちのぼる複雑で魅惑的な香りが特徴だ。

　18世紀にこのリキュールが売り出されたときには、媚薬的効果があるとされていたそう。確かに外見も味もセクシーだが、このカクテルをデートの相手にすすめて媚薬にできるかどうかは、あなたの魅力次第ということになりそう。

　レモンジュースがリキュールとシュガーの甘さを引き締め、ソーダが爽やかに味をまとめている。

Valencia
バレンシア

リキュール

度数 **16度**

テイスト 甘口 ●―― 辛口

杏とオレンジの ジューシーな 調和を楽しむ

技法 **シェイク**

Recipe

アプリコットブランデー	2/3
オレンジジュース	1/3

◎材料をシェイクし、カクテルグラスに注ぐ。

　温暖な地中海性気候に恵まれ、オレンジの産地として知られるスペイン・バレンシア地方の名前が付けられたカクテル。バレンシア産のオレンジを使って作ることから命名されたという説もあるように、このカクテルにはぜひバレンシアのオレンジを使いたい。アプリコットブランデーとオレンジ果汁がよく調和した、フルーティーで飲みやすいカクテルだ。

　レシピによっては、ここにオレンジビターズを加えるとするものもある。好みに応じて、1〜4dashesほどをプラスしてもいいだろう。また、クラッシュドアイスを詰めたグラスにバレンシアを注ぎ、スパークリングワインで満たすと「バレンシア・コブラー」となる。

Fuzzy Navel

ファジー ネーブル

度数
8度

テイスト
甘口 ●━━━ 辛口

リキュール

ピーチ&オレンジ
フルーティーで
心弾む味わい

技法 **ビルド**

Recipe

ピーチリキュール ……………… 30ml
オレンジジュース ……………… 30ml

◎グラスに氷を入れて材料を注ぎ、ステアする。

　ファジーというと日本語では「曖昧」の意味を思い浮かべる。ピーチリキュールをオレンジジュースで割ったこのカクテル、フルーティーで実に美味だが、味も香りも「ピーチ？　オレンジ？」と、どちらとも判断できない曖昧さがある。さてはそんなところから命名されたのかと思いきや、fuzzとは桃の表面にある産毛のことなのだとか。つまり、ファジーで桃を、ネーブルでオレンジを指す、明快な名前だったのだ。
　ともあれ、ピーチ&オレンジの相性は抜群。甘い香りと爽やかな味が心地よく、アルコールに弱い人にもおすすめの一杯。ピーチリキュールはトニックウォーターで割っても美味しい。

ミントフラッペ

Mint Frappé

リキュール

度数 12度

テイスト 甘口 ●―― 辛口

鮮やかなグリーンミントが爽やかなクールカクテル

技法 ビルド

Recipe

グリーンペパーミント ……………適量
フラッペ状の氷 ……………………適量

◎グラスにフラッペ状の氷を盛り上げ、上からグリーンペパーミントを注ぐ。短いストローを2本添える。

　氷を詰めたグラスにペパーミントのリキュールを注ぐだけのシンプルレシピ。鮮やかなグリーンが美しく、ストローを吸えば口中にミントの爽やかさが広がる。真夏に飲みたい、クールな味わいのカクテルだ。

　リキュールは、ジュースなど他の材料と混ぜてカクテルにすることが多いが、ほとんどのものはストレートで飲んでも美味しい。グリーンペパーミントに限らず、色々なリキュールでフラッペを楽しみたい。

　なお、フラッペやフローズンカクテルにストローが2本添えられているのは、氷が詰まって使えなくなってしまったときの予備である。飲むときは1本だけ使えばいい。

ワイン・
シャンパン・
ビール ベース

*Wine / Champagne /
Beer base*

ベース基礎知識

ワイン/シャンパン … [Wine/Champagne]

　ワインはブドウを原料とする醸造酒。紀元前4000～5000年頃にはすでに造られていたと言われ、最も古い歴史をもつ酒である。シャンパンは、炭酸ガスを含む発泡性のワインだが、フランス・シャンパーニュ地方で造られたもののみが「シャンパン」を名乗ることができ、他の地域で生産されたものはスパークリングワインと呼ばれる。ワインやシャンパンを使ったカクテルは食前酒に向くものが多く、その後の食事にはやはりワインを合わせたい。

ワイン

　赤・白・ロゼの3種類がある。赤ワインは黒ブドウまたは赤ブドウを原料とし、皮や種も含む果実丸ごとを発酵させて造る。白ワインは白ブドウを原料とし、皮や種は取り除いて果汁のみを発酵させる。ロゼワインは、赤ワインの発酵の途中で皮や種などを取り除く方法のほか、黒ブドウや赤ブドウを白ワインの方法で発酵させるなど、幾つかの製造方法がある。

　産地も種類も多彩なワインは、その味わいもさまざま。カクテルの材料とする際は、すっきりとした辛口の白ワインを用意しておくと汎用性が高いだろう。自宅で作るなら、飲み残しのワインを利用してもいい。

シャンパン／スパークリングワイン

　「スパークリングワイン」は炭酸ガスを含む発泡性ワインの総称。フランス・シャンパーニュ地方特産のシャンパンは、原産地呼称統制法によって規定された、産地・原料・製造方法などの定義を満たした製品を指す。

　スパークリングワインの製造方法には、シャンパン方式とも呼ばれる、瓶の中で二次発酵を起こす方法と、密閉されたタンクの中で二次発酵を起こす方法とがある。その他、炭酸ガスを注入した製品などもある。

　フランスでは、シャンパン方式で製造されたシャンパーニュ地方以外のスパークリングワインのことを「ヴァン・ムスー」と呼び、アルザス地方の製品などが有名だ。フランス産以外では、スペインの「カバ」、イタリアの「スプマンテ」などがよく知られており、日本でも入手しやすい。

酒精強化ワイン／フレーバードワイン

　酒精強化ワインは、醸造過程で酒精を添加してアルコール度数を高めたワイン。スペインのシェリー、ポルトガルのポートワイン、イタリアのマルサラワインなどがよく知られている。

　フレーバードワインは、ワインに各種スパイスやハーブなどを加えたもので、ベルモットが代表格。甘口と辛口とがあるが、スイートベルモットはその発祥国であるイタリアで、ドライベルモットは同じく発祥国のフランスで主に生産される。

Adonis
アドニス

度数 **15度**

テイスト 甘口 ●―― 辛口

ワイン

ほのかに甘い
NY生まれの
食前酒の代表格

技法 **ステア**

Recipe

ドライシェリー	2/3
スイートベルモット	1/3

◎ミキシンググラスに材料と氷を入れて静かにステアし、カクテルグラスに注ぐ。

　シェリーはスペイン南部のヘレス地方で造られる酒精強化ワイン。熟成法によって甘口から辛口まであるが、「フィノ」と呼ばれる辛口のドライシェリーが最も有名だ。シェリー酵母による独特の香りが特徴。

　ベルモットもワインを主体にして造られる。白ワインにニガヨモギなどの香草やスパイスを配合したフレーバードワインで、イタリア発祥の濃色甘口（スイート）と、フランス発祥の淡色辛口（ドライ）とがある。

　アドニスとはギリシャ神話で愛と美の女神アフロディーテに愛された少年の名前。このカクテルは、1884年、NYのオペラハウスで上演されたミュージカル『アドニス』にちなんでNYのバーで創作された。

バンブー
Bamboo

度数 **16度**

テイスト 甘口 ―●― 辛口

ワイン

横浜生まれのキリッとしたアペリティフ

技法 **ステア**

Recipe

ドライシェリー	2/3
ドライベルモット	1/3

◎ミキシンググラスに材料と氷を入れてステアし、カクテルグラスに注ぐ。

「アドニス」(前ページ)のスイートベルモットをドライベルモットに替えるとこのカクテルになる。ドライ×ドライで、バンブー(竹)の名のとおり、背筋の伸びるようなキリッとした味わいだ。

旧横浜グランドホテル(現在のホテルニューグランド)のチーフ・バーテンダーだったルイス・エビンガー氏が考案したカクテルとされる。横浜グランドホテルは関東大震災で焼失し、1927年にホテルニューグランドとして開業しているので、少なくとも80年以上前からあるレシピということになる。

アドニスも同様だが、好みに応じてオレンジビターズ1dashを加えてもいい。

アメリカーノ
Americano

度数 7度

テイスト 甘口 ─●─ 辛口

ワイン

イタリアの有名な酒2種で作る爽快カクテル

技法 ビルド

Recipe

スイートベルモット	30ml
カンパリ	30ml
ソーダ	適量
オレンジスライス（半月）	1枚

◎グラスに氷を入れてスイートベルモットとカンパリを注ぎ、冷えたソーダで満たして軽くステア。オレンジスライスを飾る。

　スイートベルモットとカンパリ、どちらもイタリア生まれの酒を使い、イタリアで誕生したカクテル。しかし名前はアメリカーノ。イタリア語で「アメリカ人」の意味だ。イタリア人のイメージするアメリカ人が、このカクテルのどのあたりにあるのか興味深い。炭酸の軽快さか、スイートベルモットの甘みか。

　味わいは、レシピを見ればわかるとおり、カンパリソーダにスイートベルモットの甘みを加えたもので、ほろ苦さと甘さの調和がよく取れている。食前酒として飲まれることが多いが、食事の前だけでなくいつ飲んでも構わない。暑い夏の昼間、太陽を仰ぎながら渇いたのどを潤す場面にも似合いそうだ。

度数 **9度**

テイスト 甘口 ●—— 辛口

Angel
☆ エンジェル

シャンパン

**ミモザを
アレンジした
オリジナルカクテル**

技法 **シェイク**

Recipe

シャンパン	適量
ホワイトキュラソー	10ml
グレープフルーツジュース	30ml
グレナデンシロップ	1tsp

◎シャンパンを除く材料をシェイクしてフルート型シャンパングラスに注ぎ、シャンパンを満たす。

　監修者・上田氏が「レストラン ロオジエ」の食前酒用として創作したオリジナルカクテル。銀座並木通りに店を構えるロオジエは、『ミシュランガイド東京』にて2008年から3年連続で最高位の三ツ星を獲得した、フレンチレストランの最高峰。資生堂会館の全面改装を期に1973年に開業し、1999年から現在の場所で営業している。上田氏がこのカクテルを創ったのは、資生堂会館時代の1988年だ。

　シャンパンをオレンジジュースで割った「ミモザ」（P.162）をヒントに創作したそうだが、ジュースをグレープフルーツに置き換えるだけでなく、キュラソーとシロップで味に深みを添えているのがさすがである。

Kir
キール

度数 11度

テイスト 甘口 ●—— 辛口

ワイン

辛口のワインに カシスの甘い香り 定番アペリティフ

技法 ビルド

Recipe

白ワイン（辛口） ………	9/10
クレームドカシス ………	1/10

◎グラスにカシスを入れ、冷えた白ワインを注ぐ。

　ワインの産地として知られるフランス・ブルゴーニュ地方。そのディジョン市の市長だったフェニックス・キール氏によって1945年頃に考案されたという。レシピはもっと以前からあり、キール氏が市のレセプション等で必ず振る舞ったことから氏の名前で広まったとも言われるが、いずれにしても、白ワインにカシス（黒すぐり）の風味がよく合う、上品な味わいの傑作品だ。カシスの代わりにフランボワーズやピーチ、ブラックベリーなどのリキュールで作っても美味しい。

　なお、本場ブルゴーニュではキールに使う白ワインはアリゴテ種と決まっており、他のワインを使用した場合には「ヴァン・ブラン・カシス」と呼ぶそうだ。

度数	
11度	

テイスト
甘口 ●―― 辛口

Kir Royal
キール ロワイヤル

シャンパン

カシスの風味が
シャンパンの泡に
溶ける贅沢な一杯

技法　ビルド

Recipe

シャンパン	9/10
クレームドカシス	1/10

◎グラスにカシスを入れ、シャンパンを注ぐ。

　「キール」(前ページ)の白ワインをシャンパンに替えると、何とも贅沢な一杯に。ロワイヤルはフランス語で、英語にするとロイヤル、すなわち「王家の」「高貴な」といった意味だ。シャンパンの代わりにスパークリングワインを使ってもよいとされるが、ロワイヤルの名にふさわしいのはやはりシャンパンだろう。

　山田詠美氏の小説『A2Z』に、主人公の夏美が浮気中の夫とレストランで食前酒を飲む場面がある。「シャンペンに溶けた木いちごの香りが鼻をくすぐった」という一文で、ここで飲んでいるのがキール・ロワイヤルのカシスをフランボワーズに替えた、「キール・アンペリアル」であることがわかる。

Campari Beer
カンパリビア

度数 8度

テイスト 甘口 ● 辛口

ビール

いつものビールが カンパリによって 華やかに変身!

技法 ビルド

Recipe

カンパリ ································· 30ml
ビール ································· 適量

◎グラスにカンパリを注ぎ、冷えたビールで満たして軽くステアする。

　暑い夏、「とりあえずビール!」で飲む1杯目は格別に美味しいものだが、ときにはちょっぴりお洒落にカンパリ・ビアにしてみては? ピンク色に染まったビールは普段とは違うよそいきの表情で、グラスを手にすると心まで華やいでくる。口に含めば、ビールとカンパリそれぞれがもつほろ苦さが調和して実に味わい深く、どちらの味もしっかりと感じられる点は"一粒で二度美味しい"といった趣。

　カンパリをカシスリキュールに替えた「カシス・ビア」、グリーンペパーミントに替えた「ミント・ビア」もおすすめ。辛口でハードなものが飲みたいときは、ドライジンのビール割り「ドッグズ・ノーズ」をどうぞ。

度数
3度

テイスト
甘口 ●━━ 辛口

Shandy Gaff
シャンディ ガフ

ビール

イギリスのパブで愛されてきた定番ドリンク

技法 ビルド

Recipe

ビール	2/3
ジンジャーエール	1/3

◎タンブラーに冷えたジンジャーエールを注ぎ、冷えたビールで満たす。

　イギリスのパブで古くから飲まれてきた定番ドリンクで、「シャンディ」の略でも親しまれている。ビールの苦味がジンジャーエールで和らげられ、アルコール度数も低い。お酒に弱い人でも楽しめるカクテルだ。

　ジンジャーエールではなくレモネードかレモン風味の炭酸飲料で割ると、「パナシェ」と呼ばれる。フランス語で「混ぜ合わせた」の意味だが、イギリスではパナシェのこともシャンディと呼ぶという。

　ほかにビールを清涼飲料水で割るカクテルとしては、「クランベリー・ビア」がある。クランベリージュース30mlとグレナデンシロップ1tspをグラスに注ぎ、ビールで満たしたら完成だ。

シャンパン カクテル
Champagne Cocktail

度数 13度

テイスト 甘口 ●辛口

シャンパン

古典的口説き文句「君の瞳に乾杯」はこのカクテルで

技法 ビルド

Recipe

シャンパン	適量
ブランデー	1tsp
アロマチックビターズ	1dash
角砂糖	1個
ピール用レモン	

◎シャンパングラスに角砂糖を入れてブランデーとアロマチックビターズを振りかけ、冷えたシャンパンを注ぎ、レモンピールする。

　「君の瞳に乾杯」という台詞は今やギャグとしてしか使われないであろうが、出典の映画『カサブランカ』は、戦争によって引き裂かれる男女の悲恋を描いた名作だ。公開は1942年。ハンフリー・ボガート演じる主人公のリックが、イングリッド・バーグマン演じるヒロインのイルザを見つめながら言う。このときに2人が手にしていたのがシャンパン・カクテルで、台詞とともに一躍有名なカクテルとなった。

　シャンパングラスの底に沈んだ角砂糖から気泡が立ち上り、徐々に甘さを増していくロマンチックな一杯。「君の瞳に乾杯」とは言わなくても、恋人と見つめ合いながら飲みたいカクテルだ。

度数
5度

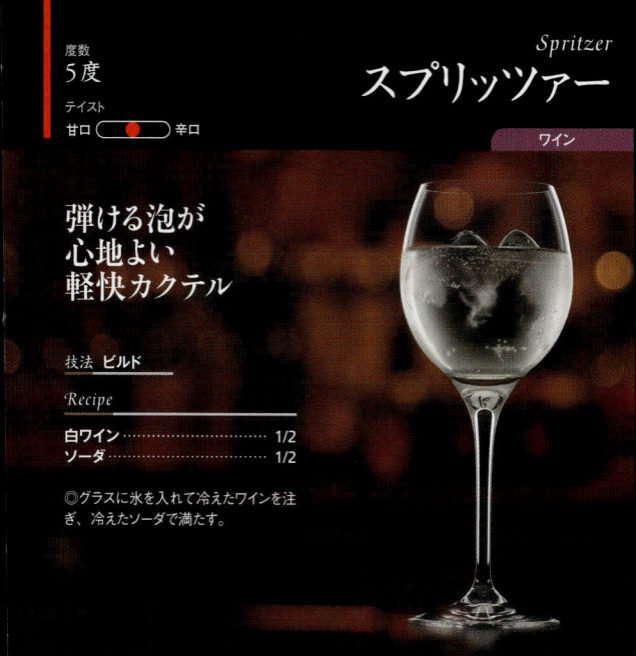

テイスト
甘口 ●—— 辛口

Spritzer
スプリッツァー

`ワイン`

弾ける泡が
心地よい
軽快カクテル

技法 ビルド

Recipe

白ワイン ……………… 1/2
ソーダ …………………… 1/2

◎グラスに氷を入れて冷えたワインを注ぎ、冷えたソーダで満たす。

　白ワインをソーダで割った、アルコール度数の低い軽快なカクテル。スプリッツァーの名は、ドイツ語の「シュプリッツェン（弾ける）」から。その名のとおり、透き通ったグラスの中でソーダの泡が弾け、爽やかな外見と口当たりに心も弾む。よく晴れた休日の昼下がり、洗濯物が乾くのを待ちながらちょっと一杯…なんて場面に似合いそうだ。ダイエット中だけどお酒を飲みたい、というときにもおすすめ。ワインそのままよりもカロリーが低く、炭酸が食べ過ぎを防いでくれる。
　ベースの白ワインは何を使ってもよいが、フルーティーなシャルドネ種のワインや、ドイツ産の甘口ワインなどが特に合うように思う。

Bellini
ベリーニ

ワイン

度数 **7度**

テイスト 甘口 ●—— 辛口

イタリアの老舗
ハリーズバー
発祥のカクテル

技法 ビルド

Recipe

スパークリングワイン	3/4
ピーチネクター	1/4
グレナデンシロップ	1tsp

◎グラスにピーチネクターとグレナデンシロップを入れてステアし、スパークリングワインで満たして軽くステアする。

　イタリア・ヴェネツィアにある、1931年創業の老舗レストラン「ハリーズバー」で誕生したカクテル。1948年に画家ジョヴァンニ・ベリーニ氏の展覧会が開催されたことを記念して、ハリーズバーの経営者ジュゼッペ・チプリアーニ氏が考案したと言われている。

　スパークリングワインの泡にピーチの甘い香りが溶ける絶品カクテルだが、本場ヴェネツィアのハリーズバーでは、生の白桃を使って作るのだという。ワインの銘柄も決まっていて、イタリア産「プロセッコ」。そこに少量の砂糖を加える。グレナデンシロップを使うのはローマにあるハリーズバーの作り方で、こちらがイタリア・バーテンダー協会推薦レシピとなっている。

Black Velvet

ブラック ベルベット

度数
8度

テイスト
甘口 ●―― 辛口

ビール

上品で贅沢な
ビロードの
のど越しを

技法　**ビルド**

Recipe
___

黒ビール……………… 1/2
シャンパン ……………… 1/2

◎グラスの左右からビールとシャンパンを同時に注ぐ。

　濃厚な黒ビールとシャンパンを半量ずつ。作り方はシンプルだが、その名のとおり黒いビロードのような外見をもち、気品漂う一杯だ。口当たりも柔らかく、酸味の効いた奥深い味わいが優雅にのどを通り過ぎる。贅沢な大人のためのカクテルと言えるだろう。

　ちなみに、レストランやバーでシャンパンベースのカクテルを頼むときには、事前に価格を確認したほうが無難。メニューに明記されていれば問題ないが、シャンパンは一度栓を抜いたら保存ができないため、場合によってはボトル1本分の値段を請求されても文句は言えない。銘柄にもよるが、いずれにしても他のカクテルよりは割高である。

Mimosa
ミモザ

シャンパン

度数 **7度**

テイスト 甘口 ●ー 辛口

オレンジジュースを贅沢に味わう至福の一杯

技法 **ビルド**

Recipe

シャンパン	2/3
オレンジジュース	1/3

◎グラスにオレンジジュースを入れ、シャンパンを注ぐ。

　ミモザはマメ科アカシア属の常緑樹で、花期には黄色の小さな花が枝を覆うように寄り添って咲き誇る。このカクテルの名前はグラスに揺れる鮮やかな黄色がミモザの花の色に似ていることからだが、もともとは「シャンパン・ア・ロランジェ」の名でフランスの上流階級の人々に愛飲されていたとか。"この世で最も贅沢なオレンジジュース"と言われ、世界中にファンの多い定番食前酒だ。

　ミモザのロングドリンク版とも言える「バックス・フィズ」は、イギリス・ロンドンの「バックス・クラブ」が売り出したカクテル。氷を入れたタンブラーにオレンジジュース60mlを注ぎ、シャンパンで満たす。

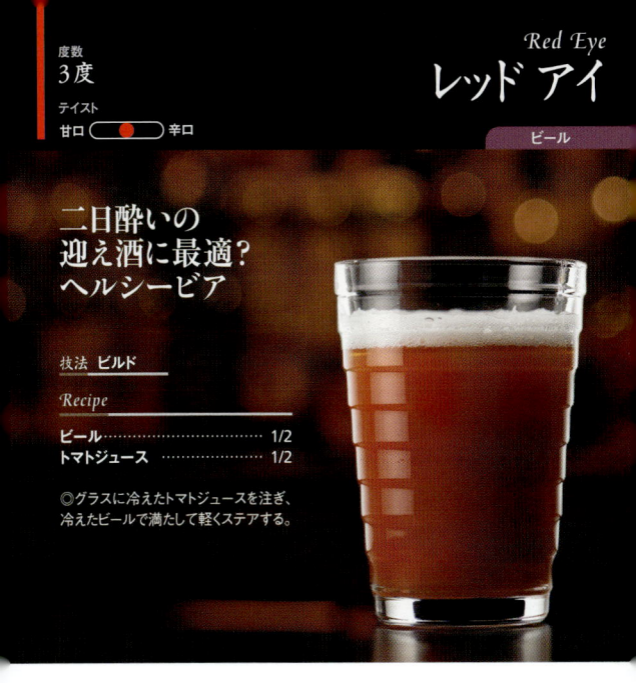

レッド アイ
Red Eye

度数
3度

テイスト
甘口 ●———— 辛口

ビール

二日酔いの迎え酒に最適？ ヘルシービア

技法 **ビルド**

Recipe

ビール	1/2
トマトジュース	1/2

◎グラスに冷えたトマトジュースを注ぎ、冷えたビールで満たして軽くステアする。

　二日酔い時の充血した赤い目からネーミングされたというレッド・アイ。栄養豊富なトマトジュースたっぷり、低アルコールで美味しく、確かに迎え酒によさそうだが、二日酔いの朝はトマトジュースだけにしておいたほうがいいだろう。

　トム・クルーズ主演の映画『カクテル』では、レッド・アイの名前の由来は二日酔いの赤い目ではなく、生卵を入れるからとしている。ビールとトマトジュースを注いだところへタバスコや胡椒、ソースなどを加え、最後に生卵を落とすと、これが"目"になり、正しいレッド・アイになるのだそうだ。精力をつけたいときにはいいかもしれないが、あまり飲みたくない。

Wine Cooler
ワイン クーラー

度数 9度

テイスト 甘口●―辛口

ワイン

氷と果汁で清涼感いっぱいのワインカクテル

技法 ビルド

Recipe

白ワイン ……………… 90ml
オレンジジュース ……… 30ml
オレンジキュラソー …… 10ml
グレナデンシロップ …… 10ml
オレンジスライス ……… 1枚

◎グラスにクラッシュドアイスを詰め、オレンジスライスを除く材料を注ぎ、ステアする。オレンジスライスを飾る。

　レシピでは白ワインとしたが、赤やロゼで作ってもOK。ワインに果汁などを加えて氷を詰めたグラスに注げば、すべて「ワイン・クーラー」と呼べる。難しく考えず、手近な材料で色々試してみるといいだろう。ただし"クーラー"と付くからには、清涼感にこだわって作りたい。

　柑橘類のジュースを使わずに作ると、「ワイン・コブラー」となる。コブラーは「靴屋」「靴直し」などの意味で、暑い夏に靴屋さんがのどの渇きをいやすために作った飲み物を指すそうだ。ベースをシェリーに替えたら「シェリー・コブラー」、その他ブランデー、ウイスキー、ジン、ラムなど、何を使用してもいい。

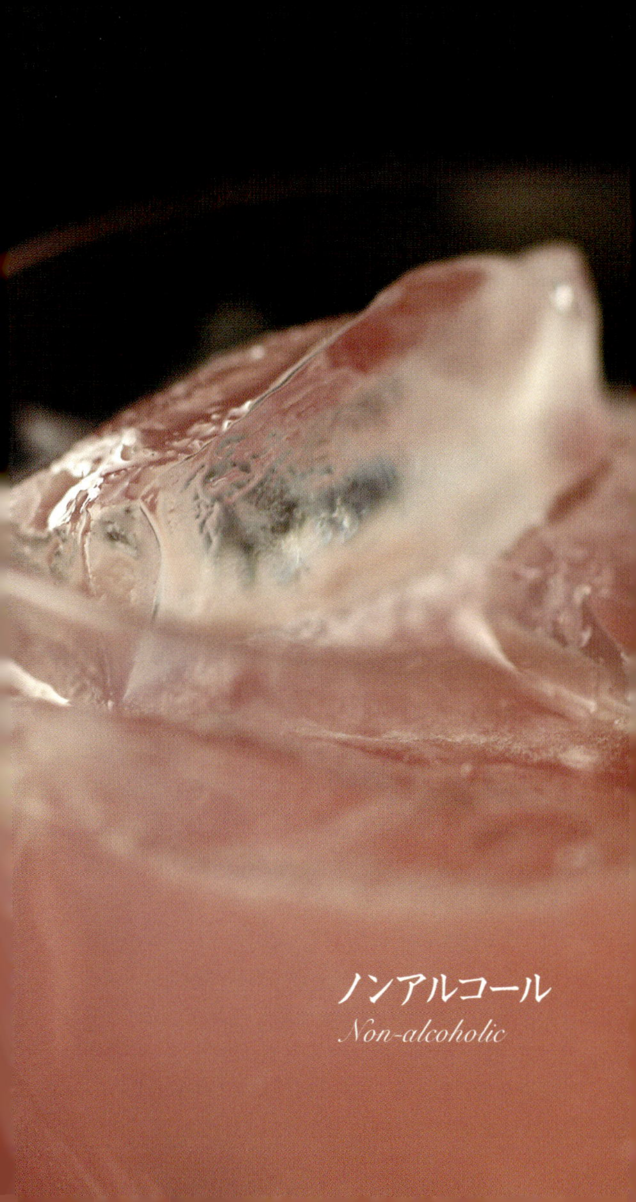

ノンアルコール
Non-alcoholic

Saratoga Cooler
サラトガ クーラー

ノンアルコール

度数 0度

テイスト 甘口 ●—— 辛口

普段お馴染みの
ジンジャーエールを
洒落たカクテルで

技法　ビルド

Recipe

ライムジュース	20ml
シュガーシロップ	1tsp
ジンジャーエール	適量
ライムスライス	1枚
ミントの葉	1枚

◎クラッシュドアイスを詰めたグラスにライムジュースとシュガーシロップを入れてジンジャーエールで満たし、ステアする。ライムとミントを飾り、ストロー2本を添える。

　このカクテルは「モスコー・ミュール」(P.97)のウォッカ抜きと説明されることがあるが、モスコー・ミュールはウォッカをジンジャービアーで割るのが本来のレシピ。本書では本来のレシピで紹介しているが、ジンジャーエールを使うバーも多く、その場合は確かにここにウォッカを足せばモスコー・ミュールとなる。付き合い等でバーに足を運んだけれどアルコールを飲めない、というときなど、連れがモスコー・ミュールを頼んだのに合わせてオーダー、なんて洒落ている。

　ジンジャーエールにライムが加わることで、一層爽快感を増した一杯。さっぱりと味わいたいなら、シュガーシロップは抜いてもらってもいいだろう。

度数	Cinderella
0度	# シンデレラ

テイスト 甘口 ●―― 辛口

ノンアルコール

カクテルグラスで
フルーティーな
ミックスジュースを

技法 シェイク

Recipe

オレンジジュース	20ml
レモンジュース	20ml
パイナップルジュース	20ml

◎材料をシェイクし、カクテルグラスに注ぐ。

　バーテンダーのシェイク姿を眺めるのもバーの楽しみの一つ。ノンアルコールカクテルでもシェイクスタイルのものなら、その楽しみをしっかりと享受でき、バーの雰囲気を一層楽しむことができる。

　シンデレラは、オレンジ、レモン、パイナップル、3種のジュースをシェイクしてミックスしたカクテル。フルーティーで華やかな味わいだ。シンデレラといえばグリム童話の灰かぶり姫だが、このカクテルは魔法で変身した後の美しい姿を想像させる。デートの際など、「12時で帰ります」の意味を込めてオーダーしてもいいかも…?（通じないかも）

　ソーダで割り、ロングカクテルとして飲んでもいい。

バージン ブリーズ
Virgin Breeze

ノンアルコール

度数 0度

テイスト 甘口 ●―― 辛口

甘さ控えめ 潮風のように 爽やかな味

技法 シェイク

Recipe

グレープフルーツジュース	60ml
クランベリージュース	30ml

◎材料をシェイクし、氷を入れたグラスに注ぐ。

「シー・ブリーズ」(P.90)からウォッカを抜いたノンアルコール版。グレープフルーツとクランベリー、どちらも酸味があるジュースをミックスしているため、甘さ控えめで後味はすっきり。本家シー・ブリーズ同様、潮風に似合う爽やかな味わいだ。

ピンクの色合いもシー・ブリーズとほとんど変わらないので、アルコールに弱い人などは1杯目だけシー・ブリーズ、2杯目以降はバージン・ブリーズという飲み方をすれば、アルコールを楽しんでいる同伴者の興を削がずに自分の酔い加減をコントロールできるだろう。もちろん堂々とノンアルコールドリンクを飲んでも構わないのだが、一案としてご参考まで。

度数	*Florida*
1度	# フロリダ

テイスト 甘口 ●——— 辛口

ノンアルコール

禁酒法下で誕生 ノンアルコール カクテルの代表格

技法 シェイク

Recipe

- **オレンジジュース** ……… 40ml
- **レモンジュース** ………… 20ml
- **シュガーシロップ** ……… 1tsp
- **アロマチックビターズ** … 2dashes

◎材料をシェイクし、カクテルグラスに注ぐ。

　1920年代、アメリカの禁酒法時代に考案されたというノンアルコールカクテルの代表的存在。アロマチックビターズがほんの少量だが入っているので、ウイスキーボンボンでも酔うというような、アルコールをまったく受け付けない体質の人は注意しよう。また現在は、ジンを加えたレシピも同名で飲まれているため、バーでオーダーする際には気をつけたい。

　シェイクで作られ、見た目もカクテルとまったく変わらないので、お酒を飲まない人でもバーの雰囲気を満喫できる一杯。このカクテルのバリエーションとして誕生したと思われる「シンデレラ」（P.167）同様、ソーダを加えてロングドリンクにしてもいい。

全国おすすめBARセレクション ※2024年2月現在

〈北海道〉

ドゥ エルミタアヂュ
札幌市中央区南3条西4丁目　南3西4ビル10F
☎011-232-5465／営17:30〜23:30／休日曜・祝日

2001 Bar Moonlight
旭川市4条7丁目右3号　第3米沢ビルB1
☎0166-27-5050／営18:30〜翌1:00(金・土は〜翌3:00)

BAR PROOF
札幌市中央区南3条西3丁目　都ビル5F
☎011-231-5999／営18:00〜翌1:00　祝日19:00〜23:00／休日曜

BAR やまざき
札幌市中央区南3条西3丁目　克美ビル4F
☎011-221-7363／営18:00〜翌0:30／休日曜

〈青森〉

Bar 侍庵
弘前市土手町73-2　スマイルホテル弘前1F
☎0172-33-5139／営15:00〜24:00／休不定休

Fifty Second Bar
八戸市六日町6　ハセビル2F
☎0178-46-4393／営19:30〜翌1:30(土曜は〜翌1:00)／休日曜・祝日

〈秋田〉

BAR ル・ヴェール
秋田市大町4-1-5
☎018-874-7888／営18:00〜翌1:00／休日曜・第1と第3月曜

〈岩手〉

スランジバール
北上市青柳町2-3-22　ワタリヤビルⅡ5F
☎0197-63-8717／営19:00〜翌2:00／休日曜

〈栃木〉

BAR YAMANOI
宇都宮市江野町2-6　高橋GTビル2F
☎028-637-8011／営17:00～翌2:00／休月曜

〈埼玉〉

BAR SAKAMOTO
さいたま市浦和区高砂2-3-4
☎048-823-4039／営18:00～翌23:30／休日曜・月曜

〈千葉〉

BAR BAGUS
市川市市川1-7-16　コスモ市川2F
☎0473-26-9532／営17:30～翌1:00(日・祝18:00～24:00)／休不定休

〈神奈川〉

バー・グローリー大倉山
横浜市港北区大倉山2-1-11　キャッスル美研1F
☎045-549-3775／営17:00～翌2:00(日曜は～23:00)／休月曜

〈東京〉

絵里香
中央区銀座6-4-14　HAOビル2F
☎03-3572-1030／営17:30～翌2:00(土曜は17:30～23:00)／休日曜・祝日

銀座 TENDER ▶P.175
中央区銀座6-5-16　三楽ビル9F
☎03-3571-8343／営17:00～翌1:00／休日曜・祝日

The Bar 草間 GINZA
中央区銀座7-7-6　アスタープラザビルB1
☎03-3571-1186／営18:00～翌1:00(土曜は～24:00)／休日曜・祝日

JBA BAR　洋酒博物館
中央区銀座6-9-13　中嶋ビル3F
☎03-3571-8600／営18:00～23:30／休無休

STAR BAR GINZA　スタア・バー・ギンザ
中央区銀座1-5-13　三弘社ビルB1
☎03-3535-8005／営17:00～23:30／休無休

スペリオ
中央区銀座7-5-16　秀芳ビル4F
☎03-3571-6369／営18:00～翌3:00(土曜は～23:30)／休日曜・祝日

Bar Adonis
渋谷区道玄坂2-23-13　渋谷デリタワー9F
☎03-5784-5868／㊂18:00～翌1:00／㊡無休

酒向Bar
中央区銀座8-5-1　プラザG8 4F
☎03-6280-6835／㊂19:00～翌2:00(土曜は18:00～23:00)／㊡日曜

BAR Tenderly
大田区大森北1-33-11　大森北パークビル2F
☎03-3298-2155／㊂17:00～24:00(土曜は～翌1:00)／㊡不定休

Bar 三石
中央区銀座6-4-17　出井ビル4F
☎03-3572-8401／㊂17:00～翌2:00(土曜は～23:00)／㊡日曜・祝日

MORI BAR
中央区銀座7-5-4　ラヴィアーレ銀座ビル7F
☎03-3573-0610／㊂16:00～翌2:00(土曜は～23:00)／㊡日曜・祝日

〈愛知〉

ark BAR
名古屋市中村区名駅南1-15-20　MKビル2F
☎080-3647-0012／㊂16:00～24:00／㊡不定休

Bar Ron Cana
豊田市竹生町4-10
☎0565-34-5959／㊂18:00～24:00(金・土は～翌1:00)／㊡木曜

〈新潟〉

Jigger bar アガト
新潟市西堀前通8-1511　丸石ビル1F
☎025-223-1077／㊂19:00～翌3:00／㊡日曜・祝日

〈富山〉

白馬舘
富山市桜町1-3-9　A1ビル2F
☎0764-32-0208／㊂18:00～翌1:00／㊡日曜・祝日

〈石川〉

BAR SPOON
金沢市片町1-5-8　シャトービル1F
☎076-262-5514／㊂17:00～24:00／㊡日曜

〈京都〉

BAR K6
京都市中京区木屋町二条東入ル　東生洲町481ヴァルズビル2F
☎ 075-255-5009／⑫ 18:00～翌2:00(金・土は～翌5:00)／㊡火曜

BAR K家
京都市中京区六角通り御幸町西入ル　八百屋町103
☎ 075-241-0489／⑫ 18:00～翌2:00(金・土は～翌2:30)／㊡火曜

〈兵庫〉

SAVOY hommage
神戸市中央区下山手通5-8-14
☎ 078-341-1208／⑫ 16:00～24:00(土曜は14:00～)／㊡日曜

〈岡山〉

ONODA　BAR
倉敷市鶴形1-2-2
☎ 086-427-3882／⑫ 17:00～24:00／㊡月曜

〈広島〉

Bar ウスケボ　Usquebaugh
広島市中区新天地6-1　グランポルトビル6F
☎ 082-248-4818／⑫ 17:00～翌1:00(日・祝は16:00～23:00)／㊡第1と第3日曜

〈香川〉

バー ふくろう
高松市古馬場町7-7　宇野ビル
☎ 087-823-3925／⑫ 18:00～翌2:00／㊡日曜

〈福岡〉

ニッカ・バー 七島
福岡市博多区中洲4-2-18　水上ビル1F
☎ 092-291-7740／⑫ 18:00～24:00(日・祝は～翌1:00)／㊡無休

Bar Oscar
福岡市中央区大名1-10-29　ステージ1大名6F
☎ 092-721-5352／⑫ 18:00～翌2:00／㊡火曜

BAR 倉吉 中洲店
福岡市博多区中洲2-6-7　エレガンスビル6F
☎ 092-283-6626／⑫ 19:00～翌4:00／㊡日曜・祝日

〈大分〉

Bar CASK
大分市都町 3-2-35　山下ビル2F
☎ 097-534-2981／営 19:00～翌 2:00／休 日曜

〈熊本〉

Bar STATES
熊本市花畑町 13-23　クボタビル4F
☎ 096-324-9778／営 18:00～翌 1:00／休 日曜

〈鹿児島〉

ショットハウス ハイ・ブリッジ
鹿児島市山之口町 6-8　畠田ビル2F
☎ 0992-25-1911／営 19:00～翌 3:00(日・祝は～翌 1:00)／休 不定休

〈宮崎〉

BAR 坐忘
宮崎市橘通西 3-4-9
☎ 090-9401-5271／営 19:00～翌 1:00／休 不定休

〈沖縄〉

バー ザ オーセンティック 坂梨
那覇市久茂地 3-16-17　エステート久茂地2 2F
☎ 098-867-1923／営 17:00～翌 1:00／休 木曜

Bar DICK
那覇市牧志 1-1-4　高良ビル2F
☎ 098-861-8283／営 20:00～翌 1:00(金・土・祝前日～翌 3:00)／休 無休

撮影協力店紹介

銀座 TENDER

　「ミスター・ハードシェイク」として世界のバー業界にその名を知られる上田和男氏（本書監修者）がオーナーバーテンダーを務める。無駄のない気の入った動きでシェイクされたカクテルにはビロード状の気泡が生じ、表面には細かい氷粒が浮かぶ。この上田氏のハードシェイクによって強いアルコール度数をもつカクテルも舌に柔らかく、優しい口当たりとなることに驚かされる。

高級感のある落ち着いた雰囲気の中でゆっくりとカクテルを楽しめる

DATA

住所：中央区銀座6-5-16　三楽ビル9F
TEL：03-3571-8343
営業時間：17:00〜翌1:00
定休日：日曜・祝日
最寄駅：東京メトロ銀座駅B9出口から徒歩2分

ひとくちMEMO

マティーニ1600円、ギムレット1600円、サイドカー1900円、ジントニック1400円、ダイキリ1500円、オリジナルカクテル1600円〜。チャージ1600円、サービス料10%

Column オーダーで迷ったら…

	ショート	ロング
赤	ジャック ローズ (P.42) チェリー ブロッサム (P.46)	エル ディアブロ (P.120) カンパリ ソーダ (P.135)
ピンク	コスモポリタン (P.88) バカルディ (P.111)	シー ブリーズ (P.90) アイスブレイカー (P.118)
オレンジ	パラダイス (P.74) バレンシア (P.144)	テキーラ サンライズ (P.123) ファジー ネーブル (P.145)
黄	カリブ (P.104)	マタドール (P.125)
紫	ブルー ムーン (P.77)	バイオレット フィズ (P.143)
青	M-30 レイン (P.85 ☆) アクア マリーン (P.119 ☆)	ガルフ ストリーム (P.87) チャイナ ブルー (P.142)
緑	モッキンバード (P.128) ミント フラッペ (P.146)	エメラルド クーラー (P.62)
白	ホワイト レディ (P.79) ゴールデン キャデラック (P.137)	カミカゼ (P.86)
透明	ギブソン (P.60) マティーニ (P.61)	ウォッカ マティーニ オン ザ ロック (P.84)

※カクテルは「ショートドリンク」と「ロングドリンク」に大別される。氷で冷やしてカクテルグラスに注がれるショートドリンクは、冷たいうちに短時間で飲むものとされている。一方、タンブラーやコリンズグラスなど大きめのグラスで供されるロングドリンクは、ゆっくりと時間をかけて飲んでよい。

※☆は監修者・上田氏のオリジナルカクテル。

バーへ行ってもオーダーするのはいつも同じカクテルばかり、という人は割合多いようだ。飲み慣れたお気に入りのカクテルもいいが、たまには違うものを飲んでみようかと思ったとき、カクテルの色で決めてみてはいかがだろう。同伴者がカクテルの名前をあまり知らず、オーダーに迷っているときなども、その人が身に着けているアクセサリーや服装に合わせた色のカクテルをすすめてあげられると、実にスマートである。
　ファッションと合わす以外にも、例えば誕生日デートだったら、事前に誕生石の色と合うカクテルを調べておくのもいい。色別にカクテルの名前を幾つか覚えておくと、さまざまな場面で役立つのではないだろうか。左の表はほんの一例だが、ぜひ参考にしてほしい。
　色のほかにカクテルで覚えておくと便利なのは、作り方による名称の違いだ。「サワー」と付ければレモンの酸味が効いたもの、「クーラー」と付ければ酸味と甘味を加えて炭酸飲料で割ったもの、などの区別がつく。フィズ、コリンズ、バック、ハイボール等々、名称に作り方のスタイルがそのまま入っているカクテルは数多く、飲んだことがなくても完成形をある程度想像することができる。
　また、お祝い事やロマンチックなデートにはシャンパンベースのカクテル、一人でハードボイルドな雰囲気を楽しみたいときには「ギブソン」など辛口のショートカクテル、1杯目は炭酸系で2杯目は強めのショート、というように、自分なりにカクテルのルールを決めておくと、オーダーに迷うことなく多彩なカクテルを楽しめるだろう。

50音索引

※グレー表示は、本文中に出てくる参考項目(見出し項目ではないもの)です。

【あ行】

アイスブレイカー	〈テキーラ〉	118
アクア マリーン	〈テキーラ〉	119
アドニス	〈ワイン〉	150
アプリコット クーラー	〈リキュール〉	132
アメリカーノ	〈ワイン〉	152
アラスカ	〈ジン〉	58
アラスカ(グリーン)	〈ジン〉	59
アラバマ フィズ		69
アレキサンダー	〈ブランデー〉	38
アレキサンダー シスター		38
ヴァン ブラン カシス		154
ウイスキー コリンズ(ジョン コリンズ)	〈ウイスキー〉	25
ウイスキー サワー	〈ウイスキー〉	18
ウイスキー ソーダ(ウイスキー ハイボール)	〈ウイスキー〉	19
ウイスキー トディ(ホット)	〈ウイスキー〉	28
ウイスキー ハイボール	〈ウイスキー〉	19
ウイスキー フロート	〈ウイスキー〉	20
ウイスキー リッキー		70
ウォッカ ギムレット(スレッジ ハンマー)	〈ウォッカ〉	92
ウォッカ サイドカー(バラライカ)	〈ウォッカ〉	94
ウォッカ スティンガー		44
ウォッカティーニ(ウォッカ マティーニ オン ザ ロック)	〈ウォッカ〉	84
ウォッカ マティーニ オン ザ ロック	〈ウォッカ〉	84
エー アンド ビー		50
エキストラ ドライ マティーニ		61
エックス ワイ ジー	〈ラム〉	102
エッグノッグ(ブランデー)	〈ブランデー〉	52
M-30 レイン	〈ウォッカ〉	85
エメラルド クーラー	〈ジン〉	62
エル ディアブロ	〈テキーラ〉	120
エンジェル	〈シャンパン〉	153
オールド パル	〈ウイスキー〉	21
オールド ファッションド	〈ウイスキー〉	22
オリンピック	〈ブランデー〉	39
オレンジ ブロッサム		74

【か行】

カイピリーニャ	〈ラム〉	103
カカオ・フィズ		69
カシス ビア		156
カミカゼ	〈ウォッカ〉	86
カリブ	〈ラム〉	104
カルア ミルク	〈リキュール〉	133

カルヴァドス カクテル	〈ブランデー〉	40
ガルフ ストリーム	〈ウォッカ〉	87
カンガルー (ウォッカ マティーニ オン ザ ロック)	〈ウォッカ〉	84
カンパリ オレンジ	〈リキュール〉	134
カンパリ グレープフルーツ		140
カンパリ ソーダ	〈リキュール〉	135
カンパリ ビア	〈ビール〉	156
キール	〈ワイン〉	154
キール アンペリアル		155
キール ロワイヤル	〈シャンパン〉	155
ギブソン	〈ジン〉	60
ギムレット	〈ジン〉	63
ギムレット ハイボール	〈ジン〉	64
キューバ リバー	〈ラム〉	105
キングス バレイ	〈ウイスキー〉	23
クーラー (アプリコット)	〈リキュール〉	132
クーラー (エメラルド)	〈ジン〉	62
クーラー (サラトガ)	〈ノンアルコール〉	166
クーラー (ハーバード)	〈ブランデー〉	49
クーラー (ハイランド)	〈ウイスキー〉	27
クーラー (ボストン)	〈ラム〉	112
クーラー (ワイン)	〈ワイン〉	164
クバ リブレ (キューバ リバー)	〈ラム〉	105
グラスホッパー	〈リキュール〉	136
クランベリー ビア		157
グリーン アラスカ	〈ジン〉	59
グレイハウンド		93
ケープ コッダー		90
コーラル	〈ラム〉	106
コーラル (シティ)	〈ジン〉	66
ゴールデン キャデラック	〈リキュール〉	137
ゴールデン フィズ		69
ゴールデン マルガリータ		127
コスモポリタン	〈ウォッカ〉	88
ゴッドファーザー	〈ウイスキー〉	24
ゴッドマザー	〈ウォッカ〉	89
コリンズ (ジョン)	〈ウイスキー〉	25
コリンズ (トム)	〈ジン〉	71

【さ行】

サイドカー	〈ブランデー〉	41
サケティーニ		61
サラトガ クーラー	〈ノンアルコール〉	166
サワー (ウイスキー)	〈ウイスキー〉	18
サワー (ブランデー)	〈ブランデー〉	53
サンジェルマン	〈リキュール〉	138
シー ブリーズ	〈ウォッカ〉	90

ジェームズ ボンド マティーニ		84
シェリー コブラー		164
シティ コーラル	〈ジン〉	66
ジャック ローズ	〈ブランデー〉	42
シャルトリューズ トニック	〈リキュール〉	139
シャンゼリゼ	〈ブランデー〉	43
シャンディ ガフ	〈ビール〉	157
シャンパン ア ロランジェ(ミモザ)	〈シャンパン〉	162
シャンパン カクテル	〈シャンパン〉	158
シャンパン ジュレップ		32
ジュレップ(ミント)	〈ウイスキー〉	32
ジョージア ミント ジュレップ		32
ジョン コリンズ	〈ウイスキー〉	25
シルバー フィズ		69
シンガポール スリング	〈ジン〉	67
ジン サイドカー(ホワイト レディ)	〈ジン〉	79
ジン スティンガー		44
シンデレラ	〈ノンアルコール〉	167
ジン トニック	〈ジン〉	68
ジン バック		29
ジン フィズ	〈ジン〉	69
ジン ライム	〈ジン〉	65
ジン リッキー	〈ジン〉	70
スイート マティーニ		61
スクリュードライバー	〈ウォッカ〉	91
スコッチ ハイボール(ウイスキー ハイボール)	〈ウイスキー〉	19
スコッチ バック(マミー テイラー)	〈ウイスキー〉	29
スティンガー	〈ブランデー〉	44
ストロー ハット	〈テキーラ〉	121
スプモーニ	〈リキュール〉	140
スプリッツァー	〈ワイン〉	159
スリング(シンガポール)	〈ジン〉	67
スレッジ ハンマー	〈ウォッカ〉	92
ソルティ ドッグ	〈ウォッカ〉	93

【た行】

ダーティー ホワイト マザー		45
ダーティー マザー	〈ブランデー〉	45
ダイキリ	〈ラム〉	107
ダイキリ(フローズン)	〈ラム〉	108
ダイキリ(フローズン ストロベリー)	〈ラム〉	109
ダイヤモンド フィズ		78
チェリー ブロッサム	〈ブランデー〉	46
チャーリー チャップリン	〈リキュール〉	141
チャイナ ブルー	〈リキュール〉	142
ディタモーニ		140
テールレス ドッグ		93

テキーラ サンセット	〈テキーラ〉	122
テキーラ サンライズ	〈テキーラ〉	123
ドッグズ ノーズ		156
トディ(ホット ウイスキー)	〈ウイスキー〉	28
トニック(シャルトリューズ)	〈リキュール〉	139
トニック(ジン)	〈ジン〉	68
トム コリンズ	〈ジン〉	71
ドライ マンハッタン	〈ウイスキー〉	31
ドライ ロブ ロイ		34

【な行】

ニコラシカ	〈ブランデー〉	47
ニッキーズ フィズ	〈ジン〉	72
ニューヨーク	〈ウイスキー〉	26
ネグローニ	〈ジン〉	73
ネバダ	〈ラム〉	110

【は行】

バージン ブリーズ	〈ノンアルコール〉	168
ハーバード クーラー	〈ブランデー〉	49
パーフェクト マンハッタン		31
ハーベイ ウォールバンガー		91
バーボン ハイボール (ウイスキー ハイボール)	〈ウイスキー〉	19
バーボン バック		29
バイオレット フィズ	〈リキュール〉	143
ハイボール(ウイスキー)	〈ウイスキー〉	19
ハイボール(ギムレット)	〈ジン〉	64
ハイランド クーラー	〈ウイスキー〉	27
バカルディ	〈ラム〉	111
バタード ラム(ホット)	〈ラム〉	113
バックス フィズ(ミモザ)	〈シャンパン〉	162
パナシェ		157
花椿	〈ブランデー〉	48
パラダイス	〈ジン〉	74
バラライカ	〈ウォッカ〉	94
パリジャン	〈ジン〉	75
バレンシア	〈リキュール〉	144
バレンシア コブラー		144
バンブー	〈ワイン〉	151
ビー アンド シー		50
ビー アンド ビー	〈ブランデー〉	50
ビター カルア ミルク		133
ビトウィーン ザ シーツ	〈ブランデー〉	51
ピュア ラブ	〈ジン〉	76
ピンク ダイキリ		111
ピンク レディ		79
ファジー ネーブル	〈リキュール〉	145
フィズ(ジン)	〈ジン〉	69

フィズ(ニッキーズ)	〈ジン〉	72
フィズ(バイオレット)	〈リキュール〉	143
ブラック ベルベット	〈ビール〉	161
ブラック ルシアン	〈ウォッカ〉	95
ブラッディ サム		96
ブラッディ メアリー	〈ウォッカ〉	96
ブランデー エッグノッグ	〈ブランデー〉	52
ブランデー サワー	〈ブランデー〉	53
ブランデー バック		29
ブランデー フィズ		69
ブルー マルガリータ		127
ブルー ムーン	〈ジン〉	77
ブルー レディ		79
ブルドッグ		93
ブレイブ ブル		45
ブレックファースト エッグノッグ		52
フレンチ75	〈ジン〉	78
フレンチ95		78
フレンチ125		78
フレンチ カクタス	〈テキーラ〉	124
フレンチ コネクション	〈ブランデー〉	54
フローズン ストロベリー ダイキリ	〈ラム〉	109
フローズン ダイキリ	〈ラム〉	108
フローズン ブルー マルガリータ		127
フローズン マルガリータ	〈テキーラ〉	127
フロート(ウイスキー)	〈ウイスキー〉	20
フロリダ	〈ノンアルコール〉	169
ベリーニ	〈ワイン〉	160
ボストン クーラー	〈ラム〉	112
ホット ウイスキー トディ	〈ウイスキー〉	28
ホット バタード ラム	〈ラム〉	113
ホット バタード ラム カウ		113
ホット ブランデー エッグノッグ		52
ホット ブランデー トディ		28
ボルチモア エッグノッグ		52
ホワイト ウィングス		44
ホワイト ウェイ		44
ホワイト スパイダー		44
ホワイト ルシアン		95
ホワイト レディ	〈ジン〉	79

【ま行】

マイヤーズ コーク		101
マタドール	〈テキーラ〉	125
マティーニ	〈ジン〉	61
マティーニ(ウォッカ、オン ザ ロック)	〈ウォッカ〉	84
マミーズ シスター		29

マミー テイラー	〈ウイスキー〉	29
マルガリータ	〈テキーラ〉	126
マルガリータ(フローズン)	〈テキーラ〉	127
マンハッタン	〈ウイスキー〉	30
マンハッタン(ドライ)	〈ウイスキー〉	31
ミディアム マティーニ		61
ミディアム マンハッタン		31
ミモザ	〈シャンパン〉	162
ミント ジュレップ	〈ウイスキー〉	32
ミント ビア		156
ミント フラッペ	〈リキュール〉	146
モスコー ミュール	〈ウォッカ〉	97
モッキンバード	〈テキーラ〉	128
モヒート	〈ラム〉	114

【や行】

雪国	〈ウォッカ〉	98

【ら行】

ラスティ ネイル	〈ウイスキー〉	33
ラム ジュレップ		32
ラム バック		29
ラム フィズ		69
ラム リッキー		70
リッキー(ジン)	〈ジン〉	70
ルシアン		95
レッド アイ	〈ビール〉	163
レディ キラー(スクリュードライバー)	〈ウォッカ〉	91
ロイヤル フィズ		69
ロブ ロイ	〈ウイスキー〉	34
ロング アイランド アイス ティー	〈ジン〉	80

【わ行】

ワイン クーラー	〈ワイン〉	164
ワイン コブラー		164

参考資料

『カクテル・ハンドブック』池田書店／1990
『THE カクテルハンドブック』池田書店／2008
『新版 NBA オフィシャル・カクテルブック』
　社団法人 日本バーテンダー協会／柴田書店／2007
『酒類入門』日本食糧新聞社／1987
『知識ゼロからのカクテル&バー入門』弘兼憲史／幻冬舎／2002
『ラルース カクテル辞典』ジャック・サレ／同朋舎出版／1986
『文学の中の酒』福西英三／大陸書房／1977
『カクテルテクニック』上田和男／柴田書店／2000・2010
Liqueur & Cocktail ／サントリー HP

上田和男（うえだ・かずお／監修）

1944年、北海道厚岸郡茶内生まれ。1966年、株式会社東京會舘に入社し、バーテンダーとしての第一歩を踏み出す。1974年、株式会社資生堂パーラーに入社。バー・ロオジエ店長とチーフバーテンダーを兼務し、以後、数々のカクテルコンクールに出場し入賞。1995年、株式会社資生堂パーラー取締役兼チーフバーテンダーに就任。長年勤めた資生堂パーラーを退社後、1997年に「銀座TENDER」を開業。現在はオーナーバーテンダーとしてカウンターに立ち、シェイカーを振る。
著書に『カクテル・ブック』（西東社・監修）、『上田和男のカクテルノート』（柴田書店）、『カクテルハンドブック』（池田書店）、『カクテルテクニック』（柴田書店）などがある。

今福貴子（いまふく・たかこ／取材・文）

1976年、神奈川県生まれ。フリーランスの編集者・ライター。著書に『東京いい店いいラブホ』（祥伝社黄金文庫）、『Hの掟』（共著、インターメディア出版）など。

撮影	高田浩行（BLUESTONE studio）
ブックデザイン	長谷川 理（Phontage Guild）
企画・編集	小島 卓（東京書籍）
	石井一雄（エルフ）

カクテル手帳

2010年4月13日　第1刷発行
2024年4月11日　第7刷発行

監修者	上田和男
発行者	渡辺能理夫
発行所	東京書籍株式会社
	〒114-8524　東京都北区堀船2-17-1
電話	03-5390-7531（営業）　03-5390-7526（編集）
	https://www.tokyo-shoseki.co.jp
印刷・製本	TOPPAN株式会社

Copyright©2010 by Kazuo Ueda, Tokyo Shoseki Co.,Ltd.
All rights reserved.
Printed in Japan

乱丁・落丁の場合はお取り替えいたします。

ISBN978-4-487-80400-9　C2076